新媒体背景下
公共图书馆服务创新研究

王华伟 ◎ 著

吉林科学技术出版社

图书在版编目（CIP）数据

新媒体背景下公共图书馆服务创新研究 / 王华伟著
. -- 长春：吉林科学技术出版社，2022.8
ISBN 978-7-5578-9797-0

Ⅰ.①新… Ⅱ.①王… Ⅲ.①公共图书馆－图书馆服务－研究 Ⅳ.①G258.2

中国版本图书馆CIP数据核字(2022)第179528号

新媒体背景下公共图书馆服务创新研究

著	王华伟	
出 版 人	宛　霞	
责任编辑	蒋雪梅	
封面设计	优盛文化	
制　　版	优盛文化	
幅面尺寸	170mm×240mm　　1/16	
字　　数	210千字	
页　　数	206	
印　　张	10.25	
印　　数	1-1500册	
版　　次	2022年8月第1版	
印　　次	2023年3月第1次印刷	

出　　版　吉林科学技术出版社
发　　行　吉林科学技术出版社
地　　址　长春市福祉大路5788号
邮　　编　130118
发行部电话/传真　0431-81629529　81629530　81629531
　　　　　　　　　　　81629532　81629533　81629534
储运部电话　0431-86059116
编辑部电话　0431-81629518
印　　刷　三河市嵩川印刷有限公司

书　　号　ISBN 978-7-5578-9797-0
定　　价　90.00元

前　言

　　我们常见的省图书馆、市图书馆、街区图书馆等都属于公共图书馆，公共图书馆是我国社会主义公共文化服务体系的重要组成部分。公共图书馆是人类社会文明发展的产物，其主要特征为向所有居民开放、经费靠地方政府财政拨款、设立与经营必须有法律依据。近年来，我国公共图书馆数量不断增多、规模不断扩大、全国人均图书馆建筑面积与人均图书拥有量不断增加，大众的阅读需求也在不断增长，因此公共图书馆要努力满足新时代读者的阅读需求及其对图书馆的信息需求。

　　随着互联网技术的发展与新媒体技术的广泛应用，手机、平板电脑等移动终端已经十分普及，新媒体技术也逐渐渗透到人们生活、学习和工作的方方面面，传统公共图书馆也纷纷拥抱新时代、新变化，将传统馆藏资源与新媒体技术相结合，形成了良好的发展态势，积累了公共图书馆发展的经验，为今后传统图书馆与数字图书馆的进一步融合奠定了基础。

　　在新媒体背景下，大众的阅读行为也受到了新媒体传播形式的影响，逐渐趋于碎片化、跳跃化，同时阅读也成为了可以随时随地进行的活动。很多图书馆建立了自己的门户网站，推出了自己的移动阅读APP，与新媒体融合，为读者提供了更加方便的阅读服务与信息获取服务，使阅读不再受到时间与空间的限制，也使读者不必亲自进入图书馆，在其他地方就可以享受到图书馆的服务。

　　同时，我们也要辩证地看待新媒体技术对传统图书馆的影响。一方面，新媒体平台、数字图书馆使传统图书馆焕发了新的活力，极大地方便了读者，特别是年轻读者的阅读活动；另一方面，传统图书馆可以为读者的深度阅读提供更加适宜的阅读环境，使读者获得更愉悦的阅读体验。将来，公共图书馆的发展方向一定是新媒体技术与传统图书馆相融共促、取长补短，共同为服务读者而努力。

　　本书基于新媒体背景，对公共图书馆如何结合新媒体技术为读者提供服务及传统图书馆的发展进行了研究。首先，本书从新媒体的传播特征与公共图书馆的产生与发展轨迹入手，研究了新媒体对大众阅读行为的影响；然后，分析了现阶段新媒体如何应用于公共图书馆读者服务领域；最后，对公共图书馆的未来发展与服务创新进行了全面、多维度的研究。由于笔者水平有限，书中难免存在疏漏和不足，敬请广大学者及专家斧正。

目　录

第一章　新媒体概述 1

　　第一节　新媒体的概念界定、技术基础及形态分类.......................1

　　第二节　新媒体的传播特征 6

　　第三节　我国新媒体的发展 11

第二章　公共图书馆概述 15

　　第一节　图书馆概述 15

　　第二节　公共图书馆简介 24

　　第三节　公共图书馆读者服务体系 37

第三章　新媒体背景下大众阅读行为分析 43

　　第一节　新媒体背景下大众阅读行为变迁分析 43

　　第二节　新媒体技术对大众阅读的推广 51

　　第三节　新媒体背景下大众阅读行为对公共图书馆服务的影响....56

第四章　新媒体技术应用于公共图书馆服务 61

　　第一节　网络媒体应用于公共图书馆服务 61

　　第二节　手机媒体应用于公共图书馆服务 68

　　第三节　数字电视应用于公共图书馆服务 75

第五章　新媒体背景下公共图书馆阅读推广服务..................83

第一节　公共图书馆阅读推广活动..................83

第二节　公共图书馆阅读推广服务内容..................88

第三节　新媒体在公共图书馆阅读推广服务中的角色定位..................91

第四节　新媒体背景下公共图书馆阅读推广服务创新路径..........95

第六章　新媒体背景下公共图书馆信息服务..................101

第一节　公共图书馆信息服务..................101

第二节　新媒体背景下公共图书馆信息服务现状分析..............110

第三节　新媒体背景下公共图书馆信息服务创新发展路径..........115

第七章　新媒体背景下公共图书馆服务创新发展..................123

第一节　公共图书馆新媒体服务质量研究..................123

第三节　传统图书馆与数字图书馆相融共促..................129

第四节　新媒体背景下公共图书馆服务创新对策与发展路径.....133

参考文献..................143

附录　《中华人民共和国公共图书馆法》..................149

第一章 新媒体概述

第一节 新媒体的概念界定、技术基础及形态分类

新媒体的诞生使现代信息传播技术产生了巨大的变化，广泛地影响了人们的生活方式。虽然与新媒体有关的研究与讨论越来越多，但是对"新媒体究竟是什么？"这一问题的回答则众说纷纭，人们对新媒体的认识程度与研究角度各有不同。对新媒体概念的准确理解是对其开展研究的重要前提，因此我们有必要对新媒体的内涵与外延做出界定。

一、新媒体的概念界定

1967年，美国的戈尔德马克在一份商品开发计划中提出了New Media(新媒体)一词，后来，该词逐渐成为全世界范围内的高频词。新媒体是相对于传统媒体而言的，该说法具有相对性。每个时代都有"新媒体"，如20世纪70年代的新媒体就是卫星电视，但卫星电视发展到今天已经成为了传统媒体；今天的新媒体是各种移动智能终端，它们也终将随着时代发展成为传统媒体，届时一定会有新的"新媒体"出现。

为便于阐述，我们将现代的网络媒体、社交类媒体、手机媒体、数字电视等依托互联网技术、在手机等终端设备上进行数字化传播的媒介形态统称为新媒体。迄今为止，国内外对新媒体的研究层出不穷，对新媒体的定义也有多个角度，主要出自传播方式、与传统媒体相比、技术应用、社会关系、综合特征等出发点。不同出发点对新媒体的定义如表1-1所示。

表1-1 不同出发点对新媒体的定义

定义出发点	新媒体定义
传播方式	所有人对所有人的传播（美国《连线》杂志）
与传统媒体相比	相对于传统媒体而言的媒体及各种应用形式，主要包括互联网媒体、数字互动媒体、车载移动媒体、户外媒体等（陈永东）
技术应用	在计算机信息处理技术基础之上出现和影响的媒体形态（熊澄宇）
社会关系	①受众可以广泛且深入参与（主要是通过数字化模式）的媒体形式（魏武挥）；②构成新媒体的基本要素是基于网络与数字技术所构筑的三个无限，即需求无限、传输无限和生产无限（黄升民）
综合特征	①以数字信息技术为基础，以互动传播为特点、具有创新形态的媒体（王斌）；②新媒体亦称新兴媒体，以数字化形式传递去中心化的信息，从使用上来看，体现了容量大、即时、多种媒体综合运用，以及高度参与和互动之特质（邓涛）

以上概念都从特定角度出发对新媒体进行了定义，但是都带有一定的局限性和片面性，不过同时也显示出了新媒体内涵的丰富。新媒体的"新"体现在技术、手段、观念、效果等方面，并且新媒体将这些新元素完美地融合在了一起。

综上所述，对"新媒体"这一概念的定义，学界有如下共识：

第一，新媒体是信息时代的产物，新媒体的产生与发展离不开信息技术，其技术基础为数字技术与网络技术。

第二，新媒体在信息的传递与表现方式上表现出多媒体的特性与跨时空的特性，还表现出人机交互的特征。

第三，新媒体具有全天候、全覆盖的特征。只要是网络能够覆盖到的地方，用户就可以通过新媒体技术接收来自任何时间、任何地点的信息。

第四，新媒体的技术、产品、服务等都具有商业化的创新性。

第五，新媒体的边界逐渐模糊化，特别是现在，越来越趋于多种媒介融合的态势，并无十分严格的界定。

与传统媒体的宣传相比，新媒体将画面与文字结合了起来，这使其表现形式更具有视觉冲击性，对受众来说更加直观生动。而且，新媒体平台往往都设有评论区，在评论区内，用户可以留言来发表观点和互相讨论，作者也可以参与讨论或回复问题，具有很强的即时性与互动性，受众的参与感更强。

新媒体应用的广泛普及具有以下意义：

首先，新技术是发展和进步的基础与根本。网络技术与移动技术的出现，使电视等传统媒体的主要地位被取代，而当下流行的微博、微信等各种平台，都离不开新媒体技术的支撑。

其次，新媒体的新手段满足了人们发布信息的愿望。与传统媒体相比，新媒体最突出的新手段就是人人都可以是记者、人人都可以是编辑、人人都可以发布信息，这样参与者就会有主人翁的意识，努力参与并维护新媒体的发展。

再次，新事物的出现会带来新的观念。新媒体使人们有了新的交流手段和展现自我的平台，也导致了新的观念的诞生。

最后，新媒体的发展也产生了新的效果。新媒体可以更快速便捷、全面丰富地提供信息，人们也可以利用新媒体改变自己的生活方式与思维方式。

二、新媒体的技术基础

新媒体是现代科技进步的产物，新媒体的技术基础如图 1-1 所示。

图 1-1　新媒体的技术基础

首先，数字技术的发展是新媒体的起点。今天我们所说的新媒体就是建立在信息数字化基础之上的新的数字信息传播体系。信息数字化就是将人类可以感知或识别的信息内容转化为计算机可以识别或判断的数字编码，人们运用计算机对这些数字信息进行处理与储存，再通过数字解码经终端输出为人类可以识别的信息。如果没有信息数字化的基础，就不会有新媒体产生的技术条件，其发展也就无从谈起了。近年来，人工智能技术在语言识别、图像识别、自然语言处理等方面的研究突破，也对新媒体的发展产生了重要影响。

其次，互联网技术是新媒体发展的根基。互联网技术可以让用户在网页上看到文字、图像、影像、动画等，这使网页信息的形式与内容都更加生动丰富。同时，互联网的超文本链接技术可以使各种离散信息相互关联起来，这为浏览共享提供了实现条件。20世纪90年代，互联网开始走进普通家庭，网络的媒体功能开始全面显现，开辟了网络传播的新纪元。21世纪以来，个体开始成为互联网的主体，互联网传播进入了新的时代，为新媒体的发展奠定了基础。

最后，移动互联网是新媒体发展的枝干。移动互联网是移动通信技术与互联网融合的产物，兼具移动通信随时、随地、随身与互联网分享、开放、互动的优势。在今天，以手机为代表的移动媒介应用得十分广泛，用户对各类信息的需求也空前强烈，这些都为新媒体的发展提供了得天独厚的外部条件，极大地促进了新媒体的发展，使新媒体的"触角"延伸到了我们生活的方方面面。

三、新媒体形态分类

随着数字技术与网络技术的飞速发展，新媒体呈现出了日益丰富的形态，而且不同形态的媒体之间逐渐交叉融合，各种媒体形态之间的联系越来越紧密。通常情况下，根据媒体形态的不同，我们可以将新媒体分为网络媒体、数字化媒体与移动媒体三大类。

1. 网络媒体

网络媒体是最早出现的新媒体形态，也是目前最重要的新媒体形态。广义的网络媒体指遵照 TCP/IP 协议传送数字化信息的计算机通信网络；狭义的网络媒体则指基于互联网这一传播平台传播新闻和信息的网站。

早期的网络媒体是"上网媒体"。在形式上，"上网媒体"将传统的媒体形式转变成了网络形式，但是在内容上并没有太大变化，如早期的网络电视、网络广播、网络报纸等都属于这类媒体，不过如今这些媒体也逐渐融合了新媒体的特征，不再是最初的简单的模式。

还有一种网络媒体为原生网络新媒体，如搜索引擎、网络社区、门户网站、网络游戏、微博等，用户通过这类网络媒体可以实现即时的信息搜索与通信，还可以在这些平台上进行娱乐、社交等多种活动。此外，同一个网络媒体通常具有多种媒介功能，如百度、谷歌等搜索引擎，不仅可以满足用户的信息搜索需求，还可以为用户提供与搜索内容相关的其他领域的信息，或者直接根据用户的搜索记录推送用户可能感兴趣的新闻信息等。

2. 数字化媒体

数字化媒体是将传统媒体进行数字化转型、改造和升级之后形成的媒体，这种媒体兼具数字化与互动性的特征，呈现出新媒体的特点，因此我们将其纳入新媒体的范畴。数字化媒体是新媒体形态的重要构成方式，主要包括数字化报刊、数字化广播与数字化电视。

以数字化电视为例，数字化电视是传统电视数字化与网络化转型的结果，因此这也是一个总体上的称谓。目前的数字化电视主要包括数字视频广播（DVB）、交互式网络电视（IPTV）、互联网电视（OTT TV）等形态。

数字化电视是传统电视媒体在数字技术与互联网技术冲击之下进行的一项积极的探索与转变，数字化电视是未来电视媒体的新型发展形式与发展方向。

与传统电视相比，数字化电视以电视机为接收终端，向用户提供高质量的多媒体视听节目，更具有互动性，并且在功能上也超出了单纯的媒体功能，不仅可以作为信息的接收载体，还能够作为多功能的家庭生活信息平台。比如，用户可以使用数字化电视自由点播观看节目，也可以自主查找生活信息，还可以进行购物、预约等操作。

3. 移动媒体

广义上的移动媒体指手机、平板电脑、掌上电脑等数字移动终端，用户可以通过这些移动终端获取移动通信网络服务与互联网服务；狭义上的移动媒体指手机终端，用户可以通过手机终端使用移动网络浏览手机网站或互联网网站，从而获取多媒体信息、定制信息等数据服务与信息服务。需要指出的是，一些研究者认为车载电视、公交视频等交通工具上的视听媒体也应该是移动媒体，不过由于这些视听媒体不具备新媒体的互动性，我们不将其纳入讨论范围。

手机媒体是移动媒体的主流，我国使用手机网络服务的网民占所有网民数量的 95% 以上，而且随着手机功能的逐渐强大，手机上网的主导地位也在不断得到强化。

近年来，开始流行一种可穿戴的新兴移动媒体，这种设备是可以直接穿戴在用户身上，或者整合到用户衣物或配件中的一种便携式设备，如小米手环、电话手表、谷歌眼镜等。这些可穿戴设备也是新媒体的一种，其可以通过软件支持与数据交互、云端交互等技术实现强大的功能。

可穿戴设备的意义在于解放了人类的双手，使人与媒体之间的互动可以通过语音、体感甚至眨眼等方式进行，不必非得使用双手才能进行信息输入。不难预见，可穿戴设备会对人类的感知模式产生巨大的影响。此外，可穿戴设备的另一个重要价值在于对人体数据的实时监测与记录，从而构建"个人生态信息系统"，这将对维护人的生命健康起到不可低估的作用。

第二节　新媒体的传播特征

随着新媒体技术的不断发展与新媒体终端的逐渐普及，我们可以发现，新媒体传播的内容与形式都与传统媒体大不相同。在内容方面，新媒体的内容更加多元化，信息覆盖领域空前宽广；在形式方面，新媒体将传统的报刊、广播、电视等传播方式融为了一体。不过新媒体并未完全取代传统媒体，两者在不断竞争、渗透与融合中共同发展，同时新媒体与传统媒体的传播也都呈现出新的特征，以下将对新媒体的传播特征进行详细介绍。

一、新媒体传播内容特征

（一）传播内容丰富多元

在传统媒体的信息时代，大众接收到的信息是经过一定的筛选和加工的，这就会导致双方存在信息不对等的情况，普通人没有发声的机会与话语权，只能被动接收信息，没有公开表达自己意见的渠道。

而在新媒体的信息时代，每个人都可以是信息的生产者、传播者、接收者，同一个人可以在信息传播过程中扮演多种角色。同时大众接收到的信息基本未经筛选，因此大众可以获取内容丰富多元的信息。在新媒体的信息传播过程中，双方的沟通是平等的。

利用新媒体，每个人都可以成为内容的生产者，只要有网络信号与电脑、手机等媒体终端，任何人都可以随时随地生产内容，并通过网络将内容发布出去，继而内容就可以被传播到世界上的任何地方。这就使现在的新媒体信息十分丰富、内容范围非常广泛，不仅包括传统媒体关注的社会新闻、国际事件等，还包括个人的生活分享、技能教学、知识科普、广告等内容。

与传统媒体相比，新媒体传播活动中的每一个参与者都是平等的，所以新媒体的传播内容具有较强的自主性，只要用户认为信息是有价值的，就可以对其进行发布、转发、评论等操作，参与多种形式的互动。而发言内容则由用户自行选择、创造，无需像传统媒体那样层层把关。

新媒体传播的自主化促进了传播内容的多样化与个性化，也推动了用户的个性化定制与交流，拉进了人们在虚拟空间中的距离。此外，新媒体传播的信息往往更贴近生活，具有鲜明的大众色彩，因此这样的信息内容对受众来说具有较强的认可度。

（二）传播内容易形成"长尾效应"

"长尾效应"指只要渠道足够大，一些受众少、需求量小的商品的销量也能够与受众多、需求量大的商品销量相匹敌。在新媒体时代，通过简单的点击操作，用户就可以从一条信息跳转到另一条信息，这样的网络传播更符合人脑的思维特点。许多网络热门事件就是由广大用户在各种新媒体平台进行信息的发布与传播，之后再由传统媒体进行二次传播，由此覆盖到越来越多的受众的。

新媒体用户只要在新媒体平台上关注、收藏或搜索自己感兴趣的内容与信息，在互联网世界中就可以快速找到有共同兴趣爱好的用户群。他们可以形成社群等组织，发出统一的或相似的信息，当这种信息足够多、足够引人注意时，就可以形成"长尾效应"，促成信息的二次传播甚至三次传播。

（三）传播内容碎片化、娱乐化

新媒体时代，从网络论坛、博客到微博、短视频等，人们在网络上发布的信息日益碎片化，内容时长逐渐减少，同时现代生活的压力与媒介内容的浅层化都使得娱乐化的内容更受欢迎，因此许多内容呈现出娱乐化甚至过度娱乐化的态势，导致各个平台的信息都缺乏深度、逻辑性，在一定程度上影响了新媒体时代受众的阅读习惯。新媒体平台中的信息多元、海量，呈现出碎片化的"爆炸"的形态，但真正有用的信息并不多。

新媒体传播内容碎片化的表现如图 1-2 所示。

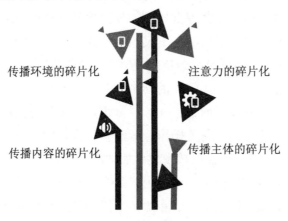

图 1-2　新媒体传播碎片化的表现

第一，传播环境的碎片化，即人们可以随时随地地通过新媒体进行传播活动，传播的时间与空间被"撕"成了碎片。时空碎片化可以使人们充分利用有限的时间与空间，达到与他人交流、获取信息的目的。

第二，传播内容的碎片化。新媒体传播的内容不像传统媒体传播的内容一样具有篇幅完整的特点，新媒体传播的内容倾向于碎片化、非线性化。内容碎片化可以使人们更快速地找到自己的目标信息，不至于淹没在"信息海洋"中。

第三，注意力的碎片化。受众面对海量的信息，其注意力是无法长期集中于某一信息的。因此，新媒体受众的注意力是片刻的、短暂的，甚至转瞬即逝的。从一定程度上说，注意力的碎片化可以使人们更快地适应信息的更新速度，可以帮助受众不断获取新信息。

第四，传播主体的碎片化，即人人都有发言机会，人人都能成为传播的主体。人们有了更多的表达自己观点的机会，这有利于人际关系的和谐与人自身能力的提高。不过，传播主体的碎片化，也会导致有人滥用发言机会发表不当言论及不实信息的风险上升。

（四）传播内容具有不可控性

在传统媒体时代，内容的传播与传播的内容都是可控的，库尔特·卢因曾经指出，只有符合群体规范或者"把关人"价值标准的信息才能进入传播渠道。这一理论奠定了传统媒体时代传播内容具有可控性的基础。

但是，在新媒体时代，缺少了"把关人"的存在，传播内容具有明显的不可控性，这就容易导致网络流言或谣言的出现，而且流言与谣言一旦出现，很难将其完全消除。在新媒体时代，人人都是信息内容的生产者与传播者，信息传播速度极快，而且大多数人并没有辨别信息真假的能力，这使得一些非理性的、情绪化的言论有更多机会得到传播，从而造成网民的情绪被煽动。

综上所述，新媒体传播内容具有广泛性、互动性等传播优势，但是我们也要看到新媒体带来的信息泛滥、虚假信息横生等不良现象。得益于技术的进步，普通公众拥有了充分表达自己意见的机会与平台，但是这种表达不是毫无禁忌的，其所传播的内容要受到相关法律法规与社会道德的约束。

二、新媒体传播形式特征

（一）全民全域

新媒体传播是全民化的传播，它提供了一个开放的、公平的、互动的交流平台，每个人都有话语权，能够激起全民参与的热情。《连线》杂志曾定义新媒体为"所有人对所有人的传播"，虽然这个定义并不完美，但是其体现了新媒体最核心的内容，也是新媒体的基本特征，即新媒体是一种多对多的传播形式，区别于传统媒体一对多的形式。而且在新媒体的传播过程中，每个参与者对信息内容都有着对等的与相互的控制，信息生产者与消费者、读者与作者变得难以区分，因为个体既可能是信息的接收者，也可能是信息的提供者、制造者与传播者。

新媒体的传播是全域化的传播，其借助有线或无线的数字技术与网络技术，实现了全球传播，彻底打破了地域与空间的限制，消解了地域边界，使世界真正成为了"地球村"。新媒体的诞生极大地颠覆了传统媒体的传播路径，我们虽然生活在不同的国家，使用不同的语言，但是可以共享同一个网络，将信息传播到世界任何一个角落。

（二）即时即速

传统媒体的信息发布受到多种因素的限制，通常采用定时定量的发布机制，如电视、广播等有节目预告，可以提前进行几天甚至更长时间的内容安排。与报刊、电视等媒体相比，新媒体不受印刷、发行、运输等因素制约，可以做到信息的即时采集、即速发布，甚至在事件发生的同时就可以进行同步传播。

新媒体可以通过互联网的高速传播实时更新信息，具有传播速度快、时效性强的特点。其更新周期可以以分秒来计算，而且信息更新的成本低，可以随时发布，这些都是传统媒体无法做到的。也正因如此，新媒体的传播主体更关注当下，关注新闻事件发生的第一时间的情况，新媒体还可以做到追踪报道在 24 小时内不断更新。

新媒体即时刷新的特点提高了新闻的时效性，使受众可以随时随地按照自己的需要与实际情况进行信息的接收。新媒体做到了同步传播与异步接收、即时采集与即速发布的统一协调，使人们摆脱了传统媒体时代固定时段接收信息的束缚，也改变了人们接收信息的习惯与方式，使得人们可以随时接收与交流信息。

（三）互联互动

新媒体的形式多种多样，其中的每个参与者都不是孤独的个体，而是同为互联网大家庭中的一员，彼此之间可以通过平台进行对等的交流。新媒体时代传播方式的改变，使平台中的任何人都可以成为信息主体，进行多种形式的互动。

从传播方向与传播机制来看，新媒体突破了传统媒体单向传播的模式，实现了传媒与受众之间的双向互动以及受众与受众之间的多向互动。新媒体独特的网络介质使信息的传播者与接收者的关系更加平等，使信息传播的交互性大大增强。新媒体强调参与、共享、互动，在一定程度上实现了受众驱动式传播，鼓励个体在互动中发出自己的声音。

第三节　我国新媒体的发展

　　我国对新媒体的发展十分重视，不断加大在新媒体关键技术方面的投入，制定并实施了与新媒体发展和管理相关的一系列政策，以推动我国新媒体的发展。同时，数字技术的不断成熟、数字终端的快速普及、数字内容的极大丰富与数字消费被广泛认可，都为新媒体的发展提供了有利的条件，成为了新媒体发展的新机遇。

一、新媒体产业迅速发展

　　从各国新媒体产业发展水平来看，经济发达国家的新媒体产业发展较好，经济欠发达国家的新媒体产业发展相对欠佳，因此从一定意义上来说，新媒体产业的发展水平可以反映出一个国家或地区的整体经济实力。我国的新媒体产业发展具有以下二个特点。

　　第一，用户规模逐渐扩大，"数字鸿沟"逐渐缩小。2022 年 11 月 15 日，由工业和信息化部、深圳市人民政府共同主办的 2022（第二十一届）中国互联网大会在深圳开幕。工业和信息化部党组成员、副部长张云明在大会开幕式上提到："我国历史性的实现了行政村村村通宽带，互联网用户规模稳步扩大，互联网普及率达 74.4%。

　　第二，生态布局更加深入。平台建设方面，传统长视频平台纷纷推出短视频业务，加强各种形式视频的战略协同；传统短视频平台也开始进军长视频领域。由此，长短共融的平台与内容布局趋势明显。

　　我国新媒体产业发展前景十分广阔，市场规模不断扩大，新媒体企业稳步发展。我国进入 5G 时代后，移动互联网行业也迎来了新的发展机遇。随着国家对新媒体产业的支持与规范，我国的新媒体产业将会持续健康发展，新媒体产业经济规模也将不断扩大。

二、新媒体技术日臻成熟

计算机技术与网络技术的飞速发展，为新媒体传播提供了硬件支持，这是新媒体发展的先决条件。目前，计算机已经成为新媒体传播的中心环节，互联网已经成为新媒体传播的基本载体，而在新媒体的传播过程中，数字技术得到了广泛的应用。

在我国，新媒体技术日趋成熟，特别是在通信领域，我国的新媒体技术与国际先进水平相当，很多技术处于国际先列。比如 5G 技术的推广，必将推动无缝连接、多网融合的无线通信技术的发展，在提升手机用户使用体验的同时，促进手机上网用户数量持续增多，拉动移动互联网产业的发展，为新媒体技术创造更加广阔的发展前景与发展空间。

与此同时，数字电视产业正以迅猛发展的态势取代传统电视，数字电视的智能化应用也越来越广泛、成熟。如今，电视信号可以直接入户，不必经过电视台的转送，这样数字电视就有了更大的覆盖面积，可以有效解决偏远地区无法收看卫星直播节目的问题。

三、新媒体终端快速普及

新媒体终端可以是电脑、电视、手机，也可以是其他智能移动设备，总之新媒体终端就是可以将信息呈现在用户面前的各种媒介工具。目前，我国的新媒体终端产品研发与生产持续发力。比如，我国已经基本普及地面数字电视接收机，满足了消费者免费收看地面数字电视的需求；同时，移动智能终端的操作系统越来越强大，并借助云计算与云存储功能，为用户提供了更加强大的信息处理服务。

移动智能终端不仅是新一代的移动通信终端，还是新一代的互联网接入终端与个人信息门户终端。可以说，今天的移动智能终端已经成为人类进行信息传播与社会交往的重要的新媒体融合平台，特别是手机，已经逐渐成为全媒体终端。

新媒体终端的快速普及为新媒体传播提供了良好的外部条件。目前，我国手机用户数量已经突破十亿，各种平台、APP 的用户数量十分庞大，且近年来，以中小学生为主要用户目标的电话手表终端迅速风靡，由此可见，新媒体的终端设备已经走入千家万户。这些都为新媒体的发展提供了较好的环境条件。

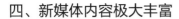

四、新媒体内容极大丰富

新媒体可以利用多元联结点提供丰富的内容，满足人们在任何时间及任何地点都能使用的需求。新媒体内容泛指一切信息产品与信息消费类的内容，主要包括数字影音、计算机动画、数字游戏、应用服务、数字学习、内容软件、网络服务、数字出版与典藏等。

新媒体市场逐年扩张，产业规模也越来越大，新媒体传播的内容日益丰富，传播信息量远超传统媒体，特别是互联网为用户提供了丰富的内容，带来了无尽的精神享受。

新媒体内容的繁荣发展，正是新媒体的生命力所在。富有最新技术的新媒体将成为媒体行业的先锋，其用户也会拥有更多的选择，比之前更容易享有一系列的互动增值服务。比如，一款阅读软件就可以为读者提供包括数字图书、数字报刊等在内的数字内容，为读者带来良好的阅读体验。还有一些通信公司也会开发新媒体内容生产业务，如手机报等。同时城市的创意园区、文化产业园区等也会在新媒体内容的制作与生产中投入人力物力，力求借助各种渠道与终端，将原有的资源优势转化为竞争优势，为用户提供他们最需要的内容产品。

自媒体时代的来临使信息内容出现了爆炸式增长。自媒体的队伍十分庞大，每一位自媒体用户都可以生产、搬运内容。用户只需要进行简单的注册申请，再借助服务商提供的网络空间和编辑工具，就可以在网络上发布自己独创的文字、图片、音乐、视频等信息，创建属于自己的自媒体。由此也可以看出，新媒体的内容生产依然是媒体组织的核心工作，它使数字内容与信息资源得到了极大的丰富。

五、新媒体消费渐成规模

随着新媒体产业的持续发展，新媒体终端的迅速普及，数字内容的极大丰富，人们接受数字信息的方式越来越多样化，人们数字消费的观念正在逐步建立，人们进行数字消费的习惯已基本养成。

一方面，消费者可以利用各种平台进行消费。各种线上消费行为越来越常见，如在"双十一"期间，某购物 APP 单日活跃用户可达 1 亿以上，总成交额突破五千亿元；此外，随着电商直播的兴起，用户可以在各种新媒体软件等平台上进行消费。

另一方面，信息消费、数字消费的规模也逐渐扩大。近年来，使用新媒体进行阅读的人数在逐渐增长，特别是在年轻人群体或知识分子群体中此现象较为明显，他们无疑是数字消费与信息消费的主力军。

在新媒体背景下，我们生活和工作的方方面面，都不可避免地受其影响。本书要研究的公共图书馆服务创新，也在新媒体背景下有了不同的内涵与发展。借助新媒体平台与新媒体技术，公共图书馆可以为读者提供更符合社会发展要求与读者阅读需求的服务，并且与传统的图书馆服务不同，现代读者在享受图书馆服务时，并不一定要亲自到馆，只要利用新媒体平台，就可以享受以往在传统图书馆中才能享受到的很多服务，由此可见，新媒体为促进全民阅读起到了十分重要的作用。

第二章 公共图书馆概述

第一节 图书馆概述

提起图书馆，我们会将其与阅读、借阅等活动联系起来，对于大多数人来说，图书馆的确是一个读书、借书的好地方，但是图书馆的职能并非只有这些。图书馆随着人类历史的发展而发展，承载并记录了人类文明。对图书馆进行研究，可以帮助我们了解图书馆在人类历史发展中的作用。

一、图书馆的概念

（一）"图书馆"一词的由来

在我国古代，受社会条件的制约，图书的流传并不广泛，很多图书都被贵族阶级收藏，这些收藏图书的房屋被称为"阁""院""殿""楼""斋""轩"等，如隋朝的"修文殿"、宋朝的"集贤院"、明朝的"天一阁"等。到了近代，图书流传变得广泛起来，社会上收藏图书的人也增多了，而其藏书的地方一般被称为"藏书楼"。

"图书馆"一词的英文为 library，含义为"藏书之所"，来源于拉丁文中的 liber，本义是"图书"。1880 年，日本的东京书籍馆更名为东京图书馆，正式采用"图书馆"一词，之后这种说法传入中国。1904 年，中国相继出现了湖南省图书馆、湖北省图书馆。1909 年，清政府颁布《京师图书馆及各省图书馆通行章程》，明确规定采用"图书馆"这一称谓。之后，"图书馆"这一称谓在我国逐渐普及。

（二）"图书馆"的定义

在很多人看来，图书馆的功能就是提供借书、读书等阅读服务，但这远不能囊括图书馆的所有功能，特别是随着现代信息技术的发展，图书馆的形态不再局限于实体场馆，服务内容也不仅仅是借阅图书。因此，要想对图书馆的概念有更加科学全面的理解，就需要对图书馆活动的全部内容与活动意义进行研究，站在不同的历史角度认识并把握"图书馆"的含义。在不同的历史时期与不同的社会环境中，人们对"图书馆"这一概念有不一样的认识与理解。

我国学者吴慰慈在他的《图书馆学概论》一书中指出，图书馆是搜集、整理、保管和利用书刊资料，为一定社会的政治、经济服务的文化教育机构。这个定义反映了 20 世纪 90 年代之前人们对图书馆的认识，概括了传统图书馆的本质特征，并解答了传统图书馆的四个典型问题：①图书馆的工作程序——对书刊资料进行搜集、整理、保管和利用；②图书馆的工作对象——书刊资料；③图书馆的活动目的——为一定社会的政治、经济服务；④图书馆的性质——文化教育机构。

随着信息技术的不断发展与成熟，信息技术与图书馆开始融合，人们对图书馆的认识也有了新的理解。传统图书馆是以实体形式存在的，但是未来图书馆的形态可能是多种多样的，我们不能只将图书馆视为一个机构，而要将其看作一种社会机制。

2019 年出版的《图书馆学概论（第 4 版）》中，图书馆被定义为："图书馆是社会记忆（通常表现为书面和其他形式的记录信息）的外存和选择传递机制。换句话说，图书馆是社会知识、信息、文化的记忆装置、扩散装置。"这个定义在今天看来更为全面、普适、理性。

总之，图书馆的定义是随着社会的进步而不断变化的，多数定义只能反映某一时期的图书馆的含义，但是这些定义都有助于我们认识图书馆、建设图书馆，让图书馆更好地为人类服务。

二、图书馆的起源与发展

（一）图书馆产生的条件

图书馆是人类文明的产物，是与人类社会共同发展的，是人们在产生文字记录等需求之后逐渐形成的。图书馆产生的条件如图2-1所示。

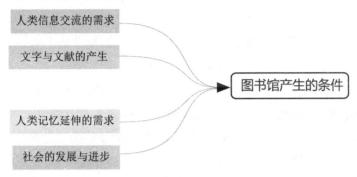

图2-1　图书馆产生的条件

1.人类信息交流的需求

人类信息交流主要指人与人之间的信息交流，也就是社会信息的交流。人类信息的交流是人类社会存在的保障与文明发展的动力。人类信息的交流可以分为直接交流与间接交流。

直接交流指的是人们直接接触产生的信息交流。直接交流的优势为直观生动、感受性强，其主要依靠语言、动作等作为交流的媒介。人们在直接交流过程中获取的信息是综合性的，人们可以根据接收到的信息迅速给予反馈。

但是直接交流也有明显的局限性，由于地域、语言、时空等限制，很多时候人们无法做到面对面直接交流；而且在传统社会中，直接交流的过程无法储存，转瞬即逝，于是就有了各种形式的间接交流。间接交流是指人们在无法直接交流的情况下，通过某些辅助工具间接接触产生的信息交流。间接交流的优势恰恰可以弥补直接交流的不足，反之亦然。在充分发挥优势的情况下，间接交流逐渐发展起来。间接交流与直接交流最大的区别就在于前者需要借助工具，图书馆就是这样的工具之一。所以说，人类信息交流的需要是图书馆产生的前提。

2. 文字与文献的产生

人类在改造、利用自然的社会实践中，创造出了一种可以有效存储和交流信息的符号，也就是文字。人类使用文字记录经验与知识，使它们可以穿越时空呈现给后人。并且，文字具有一定的稳定性，因此千百年后，人们还能看到并通过文字记载理解古人传递的信息。

有了文字，相应的载体也随之出现，如甲骨、金石、竹木等记录文字的材料。随着文字的发展，人们逐渐用文字表达更加复杂的内容，这就出现了最早的图书。有了图书，一系列问题随之而来，如如何整理、如何保存、如何利用这些图书等。人们出于一定目的，对这些图书进行保藏，这样就产生了最初的图书馆。因此，图书馆直接起源于保藏图书的需要。

通常，人们将图书及其他载体上的记录统称为文献，文献的外延要比图书大得多。因此，图书馆的实际收藏对象，准确来说应该是文献与信息。我们可以这样理解：文字是人类社会文明发展的必备工具，其功用通过文献体现出来，而文献则通过图书馆保藏、被利用，因此可以说，图书馆是人类文明的标尺；也可以说，文字的产生和文献的出现是图书馆诞生的直接原因。

3. 人类记忆延伸的需求

记忆是人类的基本心理过程之一，是过去经验在人的头脑中的反映。从信息加工的角度来看，记忆就是将各种信息进行输入、编码、储存并提取的过程。人们依靠记忆将生活与生产的经验保存在自己大脑之中，并以此为基础进行思维与想象的活动，随后，思维与想象活动的结果又可以作为新的经验保存在大脑中，作为进一步思维和想象的基础。

但是，人的记忆是有限的，而且记忆往往伴随着遗忘。因此，人们在进行记忆活动时，还要不停地抵抗遗忘，以求得长久的、稳定的记忆。随着生产活动的进行与生产经验的不断积累，人类已经无法仅仅依靠记忆完成对大量经验的保存，需要借助工具进行保存。

在文字产生之前，有结绳记事、刻木记事等记忆方式，文字出现后，人们使用文字记录经验，于是文献也产生了。文献的产生使人脑的记忆功能得到了补偿。图书馆则是对文献信息进行输入、编码、储存、提取的场所，相当于人脑记忆延伸的高级形式。

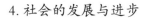

4. 社会的发展与进步

人类社会的进步是离不开生产力水平的提高的，生产力的发展是推动社会前进的根本动力，而文字与文献的产生就是生产力发展到一定程度的结果。

首先，生产力的发展与生产经验的累积，需要文字与文献对生产与生活经验进行记录。人们为了组织社会生产，需要进行管理、经验记录、统计等活动。

其次，生产力水平的提高为文字和文献的产生提供了物质基础。文字产生后，自然就促进了书写工具与书写载体的产生。

最后，社会生产力的提高为图书馆专职人员的出现提供了条件。图书馆活动并不直接创造物质财富，其是一种精神层面的活动。这种活动之所以能够产生，正是因为随着社会生产力的发展，人们不仅有物质生活需求，还有了精神生活需求。而且随着生产力发展，文献的生产与积累达到了一定数量，这就在客观上要求有专门的人员负责文献工作，于是就有了新的社会分工。

图书馆的诞生是人类文明历史上的一件大事，与人类文明紧密相连，可以说，图书馆的发展与演变，正是人类文明不断进步的反映。

（二）图书馆的发展

1. 影响图书馆发展的因素

图书馆的发展受到多方面因素的影响，其中最主要的是社会生产力的发展、科学技术的发展与现代信息技术的发展。

首先，社会生产力的发展是图书馆发展的基础。人类社会中每个领域的进步都离不开生产力水平的提高，生产力的发展是推动社会前进的根本动力，其为图书馆的发展提供了必要的物质条件。生产力的发展使人们生产出了纸张、胶片、磁带等记录工具，生产技术的巨大飞跃也使文献数量迅速增长。此外，图书馆的建造也需要生产力的发展与生产技术的提高。因此，社会生产力的发展是图书馆发展的根本保证。

从古代的藏书楼到现代的图书馆，从最初的人工服务到自动化与电子技术、声光电技术、现代通信技术等在图书馆中的应用，都与生产力的发展紧密相连。因此，图书馆的发展，很大程度上是社会生产力推动的，是伴随着人类社会的发展共同向前的。

其次，科学技术的发展是图书馆发展的根本动力。科学技术作为第一生产力，其发展与图书馆有着十分密切的联系。一方面，科学技术的发展离不开图书馆提供的各种文献资源与数据资源；另一方面，科学技术的发展为图书馆发展提供了新的文献信息、技术方法等。可见，两者相辅相成，共同促进。

科学技术的发展大都是在总结前人成果的基础上发展的，随着新的科研成果的诞生，新的文献资料也会随之产生。因此，人们利用图书文献进行科学研究和科学技术交流以传递知识、发明新技术，同时产生新的文献，促使图书馆规模不断扩大。随着科技的发展，文献的生产技术有了很大的提升，文献记录的载体也经历了一系列发展变革，这些都对图书馆的发展起到了巨大的推动作用。

最后，现代信息技术的发展为图书馆的发展提供了新的契机。随着信息时代的来临与知识经济的兴起，知识在社会发展中起到了越来越重要的作用，而知识的传播、积累与学习等均与图书馆工作有着密切关联。未来，图书馆的作用也会不断延伸，现代信息技术会从根本上推动图书馆的现代化发展进程。

2. 图书馆的发展特点

图书馆是人类社会发展中的一种特殊产物，其发展也有自身的特点。图书馆的发展特点如图 2-2 所示。

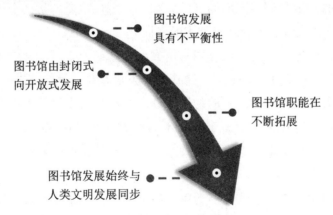

图书馆发展
具有不平衡性

图书馆由封闭式
向开放式发展

图书馆职能在
不断拓展

图书馆发展始终与
人类文明发展同步

图 2-2　图书馆的发展特点

第一，图书馆发展具有不平衡性。一方面，从世界范围内来看，图书馆的数量能反映出一个国家的经济实力与文化水平。往往经济较为发达的地区的图书馆数量就多于欠发达地区，且图书馆资源更加丰富，管理也更规范。另一方面，从时间维度上来看，图书馆的发展也是不平衡的。从图书馆的最初形成至今，已有五千年的历史了，但是在之前很长的一段时间里，图书馆的发展十分缓慢，直到近代第一次工业革命之后，图书馆才有了较为迅速的发展。这是由于传统社会生产力并未得到根本性提升，也证明了社会生产力的发展是图书馆发展的基础。

第二，图书馆由封闭式向开放式发展。在古代，图书馆大都是少数人的私有财产，只对他们提供服务，对社会则是封闭的。现代图书馆是面向全社会开放的，而且随着计算机技术、互联网技术等现代信息技术在图书馆中的应用，图书馆的文献收藏形式更加多元化，文献传递手段也实现了网络化，管理也更加现代化。

第三，图书馆的职能在不断拓展。在图书馆产生之初以及之后的很长一段时间里，图书馆的职能仅限于收藏各种图书。随着科学技术与社会生产力的发展，现代图书馆的职能主要是开发利用信息，这就使图书馆从过去意义上的"藏书楼"发展为今天可以为社会政治与经济服务的"信息中心"。图书馆同时还承担着社会教育的职责，向社会所有成员开放，是社会的教育中心和学习中心，是"没有围墙的社会大学"。随着时代的发展，未来的图书馆也会继续衍生新的职能。

第四，图书馆发展始终与人类文明发展同步。图书馆最早产生于农业社会时期，当时的人类尚处于文明发展的初级阶段；到了人类文明的成熟时期——信息社会，快速发展的通信技术、计算机技术、多媒体技术、数字技术等，从根本上改变了图书馆收集、传递、利用信息的方式与方法，同时图书馆的内部机制、组织结构、服务模式、用户需求等也发生了深刻的变革。所以说，图书馆的发展始终与人类文明的发展同步，是人类文明发展的见证者与伴随者。

三、图书馆的构成与分类

（一）图书馆的构成要素

关于图书馆的构成要素，有很多种不同的说法，而且随着人们对图书馆研究的深入，新的构成要素不断被发现。

1929年，陶述提出图书馆的要素有三个：书籍、馆员与读者。

1932年，杜定友指出，图书馆有"书""人""法"三个要素："书"即文献资料，"人"即阅览者，"法"指设备、管理方法与管理人才。

1934年，刘国钧提出图书馆有四个要素，分别是图书、人员、方法、设备。

1957年，刘国钧扩展了图书馆的构成要素，指出图书馆由读者、图书、领导干部、工作方法、设备等五个要素构成。

1988年，黄宗忠指出，图书馆由藏书、人（馆）员、读者、建筑与设备、技术方法、管理这六个要素构成。

2003年，于鸣镝指出，图书馆要素有四个：馆藏文献、图书馆员、图书馆技法、馆舍与设备。

不难看出，随着时间发展，人们对图书馆的认识越来越全面。从不同角度来看，图书馆的构成要素虽然有所不同，但是其要素内涵基本一致。这些要素彼此联系、相互作用，形成了一个不可分割的有机整体，共同构成图书馆发展的内在动力。

随着信息技术的快速发展，人们今天普遍认可的是"六要素"的说法，即文献信息、用户、馆员、技术方法、馆舍与设备、管理这六要素是图书馆的基本构成要素。

（二）图书馆的分类

在我国，图书馆的分类有多种模式，具体如图 2-3 所示。

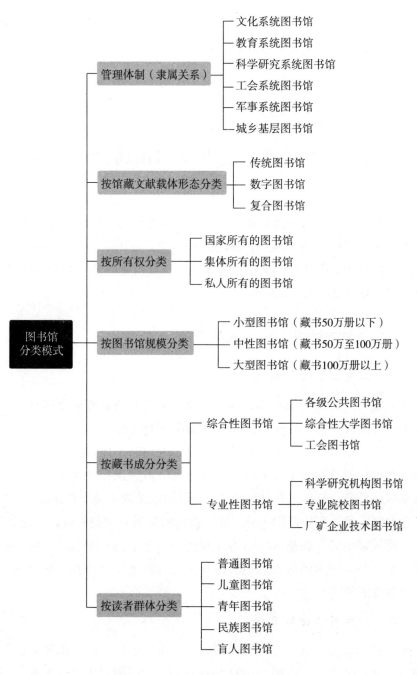

图 2-3 我国图书馆的分类模式

在各种类型的图书馆中，公共图书馆（包括国家图书馆）、高等院校图书馆、科学院图书馆这三种类型的图书馆发展最为迅速，规模也最大，成为了我国图书馆事业的三大主力，已经起到藏书中心、协调中心和服务中心的多重作用，被称为"三大系统图书馆"。其中，公共图书馆是本书的主要研究对象。

第二节　公共图书馆简介

公共图书馆，指向社会公众免费开放，负责收集、整理、保存文献信息，并提供查询、借阅及相关服务，同时开展社会教育的公共文化设施。我国的公共图书馆是社会主义公共文化服务体系的重要组成部分。截至 2021 年，我国公共图书馆数量已有 3 217 个。

一、公共图书馆的特征、目标与功能

（一）公共图书馆的特征

与其他类型的图书馆相比，公共图书馆的基本特征有以下两点：一是经费来源主要是地方公共财政，二是用户范围十分广泛。

公共图书馆的经费来源主要依靠地方公共财政，因此，公共图书馆是依靠地方政府的财政拨款来维系的公益性事业。虽然也有些地区的图书馆经费来源是其他渠道，但是地方财政始终是公共图书馆的主要经费来源。

公共图书馆的用户范围十分广泛，面向的是所有社会成员，不论其年龄、职业、阅读需求等，包括外地游客或来访者，都是公共图书馆的用户群体与服务对象。公共图书馆强大的包容性既是公共图书馆的重要特征之一，也是其存在与发展的巨大资本。

（二）公共图书馆的目标

国际图书馆协会联合会、联合国教科文组织等国际组织都曾对公共图书馆的目标进行过界定。比如，1994 年修订的《公共图书馆宣言》规定，公共图书馆服务的核心应该与信息、扫盲、教育和方化密切相关；2000 年的《公共图书馆指南》规定公共图书馆的目标为"满足社会的教育需求、情报需求、个人发展需求（如个人创造力和爱好兴趣等）、满足儿童和青少年的需求、社区文化发展需求"。

我国曾先后颁布相关条例规定我国公共图书馆的工作目标,1982 年的《省（自治区、市）图书馆工作条例》规定,我国省级公共图书馆的基本任务包括：宣传马列主义、毛泽东思想,宣传党和政府的政策、法令,向人民群众进行共产主义和爱国主义教育；为本地区的经济建设和科学研究提供书刊资料；传播科学文化知识,提高广大群众的科学文化水平；搜集、整理与保存文化典籍和地方文献；开展图书馆学理论和技术方法的研究,对市（地）、县（区）图书馆进行业务辅导；在省（自治区、市）政府有关部门的领导下,推动本地区各系统图书馆间的协作和协调。

根据我国 2018 年起施行的《中华人民共和国公共图书馆法》,公共图书馆应该免费向社会公众提供以下服务：文献信息查询、借阅；阅览室、自习室等公共空间设施场地开放；公益性讲座、阅读推广、培训、展览；国家规定的其他免费服务项目。

从上述不同地区、不同阶段的不同法规对公共图书馆规定的任务与服务要求可以看出,公共图书馆的目标是与本国或当地社会环境、社会需求、自身条件等相一致的。简单来说,我们可以对其基本目标进行概括,公共图书馆的基本目标如图 2-4 所示。

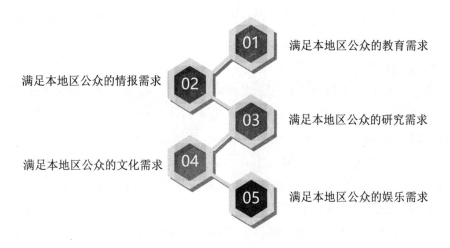

图 2-4 公共图书馆的基本目标

第一,公共图书馆要满足本地区公众的教育需求,包括当地公众培养基本读写能力的需求,以及在自学计划或正规教育中产生的对图书馆文献资料、服务与空间的需求等。

第二，公共图书馆要满足本地区公众的情报需求，包括社会成员或社会组织在从事职业活动、日常生活、兴趣爱好等时产生的对各类知识与信息及相关服务了解的需求，如对科学技术知识、商业经济信息、政府政策信息、本地区设施服务信息了解的需求等。

第三，公共图书馆要满足本地区公众的研究需求，包括社会成员在从事某些活动研究时产生的对相关知识、信息、文献与服务的需求。

第四，公共图书馆要满足本地区公众的文化需求，包括社会成员为提高自己的文化素质，开拓视野、增长见识等产生的对各类文献资料与服务的需求。

第五，公共图书馆要满足本地区公众的娱乐需求。公共图书馆要为社会公众或组织提供活动场地，并满足其对各类资料与相关服务的需求。

（三）公共图书馆的功能

公共图书馆的各类活动综合作用的结果是赋予了公共图书馆强大的社会功能。20世纪80年代以来，各国图书馆协会都分别对图书馆的功能进行了多角度、全方位、深层次的研究。在这里，我们可以将公共图书馆的功能总结为以下几点：

第一，公共图书馆具有社区记忆的功能。公共图书馆可以系统收藏和保存本地区相关的文献，能比其他机构更完整地保存地方历史记录，供现在与未来的用户使用。

第二，公共图书馆具有社区活动中心的功能。通过为社区成员组织各类活动，为社区民间组织提供活动场所，为所有成员提供开放、友好、安全的阅览空间，公共图书馆起到了社区活动中心的作用。

第三，公共图书馆具有情报中心的功能。公共图书馆可以提供丰富的馆藏资料与专业的参考咨询服务，还可以收集、整理、提供社区情报。

第四，公共图书馆具有正规教育支撑中心的功能。公共图书馆可以为不同层次、不同类型学校的学生提供参考资料、课外读物等，还可以支持学校图书馆的工作。

第五，公共图书馆具有自主学习中心的功能。公共图书馆可以为社区成员的自学活动、进修活动、继续教育活动、技能培训活动和其他类型的终身教育活动提供文献资料、学习空间、检索设备与相关服务。

第六，公共图书馆具有大众文化资料中心的功能。公共图书馆能够为社区成员的休闲生活收集、整理、提供各种形式的娱乐性资料。

第七，公共图书馆具有研究支撑功能。公共图书馆可以为社区、企事业单位、科研单位等的研究活动提供文献资料保障。

三、 公共图书馆的分类与服务

公共图书馆按照规模与所属行政级别，可以分为省级公共图书馆、市级公共图书馆、社区图书馆这三类。接下来，将对这三类公共图书馆的功能和服务进行研究。

（一）省级公共图书馆

省级公共图书馆是由省级政府主办的公益性文化机构，也是我国社会主义公共文化服务体系建设的重要内容，是向广大人民群众传播科学文化、传递知识信息的重要平台。

1. 省级公共图书馆的功能

省级公共图书馆的功能如图 2-5 所示。

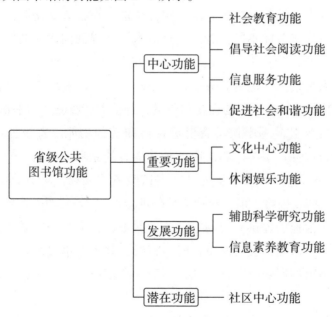

图 2-5　省级公共图书馆的功能

（1）中心功能。中心功能是省级公共图书馆最主要的功能，指那些以省级公共图书馆为主、其他文化机构辅助而举办的各种文化活动中产生的社会功能。省级公共图书馆的中心功能是其他文化机构无法取代的，也是省级公共图书馆各项资源配置的重要依据。

首先，省级公共图书馆具有社会教育功能。一方面，省级公共图书馆担负着鼓励社会成员学习的职责，重视对公众学习习惯与阅读习惯的培养，重视公民个人全面发展的实现。省级公共图书馆可以为学习者提供学习空间与学习资料，还可以组织培训活动、学习研讨等活动。另一方面，省级公共图书馆还可以对正规教育起到支持作用，帮助在校师生完成教学计划，提供课外阅读平台，与学校图书馆合作，补充学校教育资源等。总之，省级公共图书馆可以为不同学习需求的社会大众提供相应的资源与服务。

其次，省级公共图书馆具有倡导社会阅读的功能。省级公共图书馆是培养公众阅读习惯和阅读能力的主要机构。省级公共图书馆可以向不同读者提供适合的图书、与学校合作组织阅读活动、开展面向全社会的阅读活动等，这些活动都可以起到宣传阅读、引导社会阅读的作用，使省级公共图书馆成为社会阅读的推动者与阅读环境的建设者。

再次，省级公共图书馆具有信息服务功能。在公共文化服务体系中，省级公共图书馆应该关注不同读者的信息需求，加强面向大众的信息服务，坚持以读者为中心，为读者无偿提供其所需的信息，如当地的基本生活信息、各机构及其人员信息、地方志等。这些信息服务，能够培养公众获取信息的能力，提高其参与社会事务的程度和质量，并扩大省级公共图书馆的影响力。

最后，省级公共图书馆具有促进社会和谐的功能。省级公共图书馆的根本属性是公益性，平等、和谐应该是其固有的立场，根据《公共图书馆宣言》，"每一个人都有平等享受公共图书馆服务的权利，而不受年龄、种族、性别、宗教信仰、国籍、语言或社会地位的限制。"公共图书馆要关注社会中的弱势群体，为他们提供专门的个性化的服务，保障他们的看书、读报等基本文化权益。当遇到社会突发事件时，省级公共图书馆要及时扩展自己的功能，利用图书馆的影响力安抚大众，预防社会矛盾的产生或激化，促进社会和谐。

（2）重要功能。重要功能是指省级公共图书馆在公共文化服务体系中，在与其他公共文化服务机构共同提供公共文化服务的过程中产生的社会功能。

省级公共图书馆的重要功能是其自身的功能，但也是与其他公共文化服务机构的功能共同作用、相辅相成的。省级公共图书馆的重要功能主要包括文化中心功能与休闲娱乐功能。

一方面，省级公共图书馆是文化机构的重要组成部分，发挥着文化中心的作用。省级公共图书馆通过为大众提供阅读服务与其他形式的服务，成为促进地方文化发展的重要助力。省级公共图书馆可以收集地方历史资料等具有地方特色的文献资源，还可以为大众提供最新的且有阅读价值的图书、音像等资料。此外，省级公共图书馆还可以举办各种类型的文化展览，组织读者交流活动等，通过这些服务促进文化的传承与传播。所以，省级公共图书馆的文化中心功能是其最重要的功能之一。

另一方面，省级公共图书馆还具有休闲娱乐功能，这种功能也可以纳入文化休闲的范畴。其可通过营造自由舒适的环境、提供文化娱乐消遣活动、践行人文关怀与平等等理念，满足公众的文化需求，帮助公众在繁忙的工作之余找到可以放松心情和陶冶情操的去处；并可通过以阅读为主的多种文化活动形式，引导公众在养成阅读习惯的同时，形成正确的世界观、人生观、价值观。

（3）发展功能。发展功能是省级公共图书馆有待进一步挖掘与发展的社会功能，这种功能可以是本来就有但不明显的，也可以是社会发展带来的新的社会责任，如辅助科学研究、信息素养教育等。

在省级公共图书馆中，知识资源与专业人才资源十分丰富，足以支撑某些领域特定问题的研究与探讨。此外，省级公共图书馆还可以主动跟踪社会热点问题，为社会性课题的开展贡献力量。

另外，省级公共图书馆可以帮助大众提高信息技能，如使用计算机进行信息检索、信息利用等技能，这可以在一定程度上消除社会快速发展带来的"数字鸿沟"的影响。

（4）潜在功能。潜在功能指在公共文化服务体系中，省级公共图书馆的文化服务需要借助其他媒介才能产生的社会功能，主要表现为社区中心功能。简单来说，省级公共图书馆并不直接对社区产生作用，但是社区图书馆可以直接达到为社区居民服务的目的，且社区图书馆同样受到省级公共图书馆的影响。因此，省级公共图书馆对社区有着潜在功能。

2. 省级图书馆的服务创新

省级公共图书馆的服务创新如图 2-6 所示。

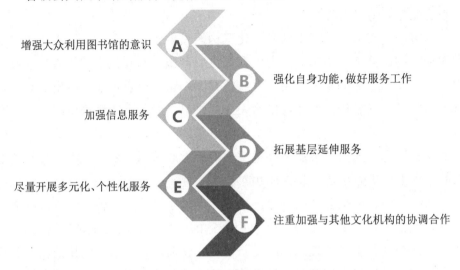

增强大众利用图书馆的意识 **A**

B 强化自身功能，做好服务工作

加强信息服务 **C**

D 拓展基层延伸服务

尽量开展多元化、个性化服务 **E**

F 注重加强与其他文化机构的协调合作

图 2-6　省级公共图书馆的服务创新

第一，增强大众利用图书馆的意识。许多省级公共图书馆并不注重自身的宣传，很多人对省级公共图书馆的了解不够，这就导致省级公共图书馆成为了只为少数人服务的场所。因此，省级公共图书馆要学会主动宣传自己，提高公众对图书馆的认识与利用图书馆的意识。比如，省级公共图书馆可以与当地媒体合作，使自身被更多人知道，因为很多人并不是不愿意走进图书馆，而是平时意识不到图书馆的存在。另外，省级公共图书馆可以利用好"读书日""读书节""读书月"等活动，让省级公共图书馆与阅读深入到群众中去，加大省级公共图书馆对社会的影响，这样一来，既宣传了自己，也增强了大众利用图书馆的意识。

第二，强化自身功能，做好服务工作。省级公共图书馆最基本的服务就是文献借阅服务，这也是发挥省级公共图书馆社会作用的基础。因此，省级公共图书馆首先要保证自己的馆藏量，全面、充分了解不同读者的需求，及时更新馆藏书目；其次，省级公共图书馆作为地方文化中心，要有计划、有重点地收集文献资料，组成具有本馆特色的馆藏体系。另外，公共图书馆要结合自身优势与地方特色推出讲座、读书会等活动，以提供更高质量的阅读服务工作。

　　第三，加强信息服务。在现代社会中，随着互联网技术的发展与新媒体技术的广泛应用，信息服务逐渐成为省级公共图书馆的主要服务内容。总体来看，省级公共图书馆可以为政府、企事业单位、社会大众提供信息服务。我国的省级公共图书馆开展信息服务比较普遍，不过服务对象主要是政府部门，面向其他公共事业部门、行业的较少，面向大众的更少。因此，省级公共图书馆可以通过帮助其他机构陈列并整合信息、自主开发信息并配合多种信息提供方式来加强图书馆的信息服务。

　　第四，拓展基层延伸服务。省级公共图书馆可以通过建立分馆或发展基层图书馆的方式，拓展基层延伸服务，提升服务水平，统一资源共享，满足社会公众的多样化需求。省级公共图书馆开展延伸服务，不仅可以使不同规模、不同层级的图书馆在公共文化服务体系中有更加细致的分工，更好地发挥自己承担的功能；还可以形成完整的图书馆体系，形成服务梯度，使公众可以在各类图书馆中享受到不同层次的服务，拉进图书馆与社会公众的距离，使图书馆服务更加贴近生活、贴近群众。现在常见的拓展基层延伸服务方式有建设汽车图书馆、固定流通站点、流动图书馆分馆、一卡通服务等。

　　第五，尽量开展多元化、个性化服务。在公共文化服务体系中，省级公共图书馆的包容性与公益性更加显著，是保障弱势群体享受文化权利的主体机构。因此，省级公共图书馆应该多关注弱势群体，开展个性化、多元化的服务。首先，要保障提供服务的基本条件，加强设施建设，构建良好的服务氛围，同时要加强馆员的服务意识，营造充满人文关怀的、自由平等的文化环境。其次，要创新服务方式，延伸服务领域，提供针对性服务，如开展送书下乡服务或远程服务等，为公共文化体系中的弱势群体提供文化服务。省级公共图书馆可以根据自己的实际情况与当地的实际需求，加强对社会群众的服务，开展多元化、个性化的服务，保障每位公民的文化权益。

　　第六，注重加强与其他文化机构的协调合作。公共文化服务体系是一个整体，省级公共图书馆只是这个完整体系中的一环。所以，公共图书馆要加强与其他公共文化服务机构的协调合作，共同保障公民的基本文化权益。比如，省级公共图书馆可以作为导航站，向社会公众介绍并引导其到博物馆、美术馆、科技馆、纪念馆、文化馆等，帮助公众找到他们所需要的机构；还可以与其他文化机构联合举办各种类型的活动，如与档案馆共同举行本地的文化展览或讲座，与文化馆合作共同为社区服务等。

只有每个机构都充分发挥自己的优势，做到合理分工与协调配合，建立起相对稳定的合作式工作机制，使省级公共图书馆与其他各级公共文化机构通力合作，才能共同发挥社会主义公共文化服务体系的功能。

（二）市级公共图书馆

市级公共图书馆，或称"城市图书馆"，是专门从事搜集、整理、收藏和流通文献信息，供读者进行学习、研究的文化机构。

1. 市级公共图书馆的功能定位

市级公共图书馆服务体系建设的目标是建设结构合理、发展平衡、网络健全、运营高效、服务优质、覆盖全社会的公共图书馆服务体系，切实保障人民群众读书看报、进行公共文化鉴赏、参加大众文化活动等基本权益。根据我国公共文化服务体系建设的目标，市级公共图书馆的功能定位如图 2-7 所示。

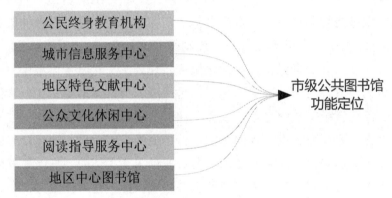

图 2-7　市级公共图书馆的功能定位

第一，市级公共图书馆应该是公民终身教育机构。教育功能是公共图书馆的基本功能之一，不论读者的年龄、职业、学历如何，其都需要不断学习以完善自己的知识结构，适应社会发展的需求，而这种需求在城市居民身上又显得尤为重要。因此，市级公共图书馆应该承担起帮助人们进行终身学习的职责，尽可能满足大众的学习需求，为市民提供学习场所与学习资料。如果有条件的话，还可以提供正式的教育服务。

第二，市级公共图书馆应该是城市信息服务中心。随着公共图书馆服务理念的发展，"保障公民信息权利"已经成为公共图书馆的重要功能之一，市级公共图书馆要将繁杂的信息进行收集、组织与传播，为公众提供生活、学习、工作、娱乐等多方面的信息，最大限度地维护社会的信息公平。比如，图书馆可以为市民提供就业信息、天气信息、交通信息、活动信息等与人们生活息息相关的内容，这样也会提升公众对市级公共图书馆的认可度。

第三，市级公共图书馆应该是地区特色文献中心。市级公共图书馆必然处于一定地区，该地区必然有其历史沿革、地域环境、社会发展等特色；对这些特色进行记录与保存，是市级公共图书馆的职责。因此，市级公共图书馆一方面应该收集、整理本地的特色文献，并将其向公众开放，另一方面要向读者提供这些特色文献的查询、检索等服务，使更多人了解自己城市的文化。如果市级公共图书馆没有向公众展示这些特色文献资料，或者读者无法从图书馆中查找相关资料，那么市级公共图书馆的地区特色文献中心功能就没有得到有效发挥。

第四，市级公共图书馆应该是公众文化休闲中心。文化休闲中心功能是市级公共图书馆功能的延伸与拓展，并且很多城市的市级公共图书馆已经将此类功能的活动付诸实践。市级公共图书馆在为公众提供阅读服务与信息服务的同时，还要注重文化休闲服务，可以通过举办知识讲座、专题展览等活动，向读者宣扬健康的文化理念，以引导市民养成良好的休闲生活习惯，丰富群众的文化生活，促进社会和谐。

第五，市级公共图书馆应该是阅读指导服务中心。市级公共图书馆既要成为公众学习的场所，也要努力成为能够提供阅读指导服务的机构，这就需要图书馆工作人员努力学习相关知识，提高自身素质，同时多与读者交流沟通，以了解公众的阅读需求，这样才能更好地发挥图书馆的阅读指导功能。

第六，市级公共图书馆应该是地区中心图书馆。市级公共图书馆在提供文献资料的借阅服务、读者活动服务之外，还承担着本市各级公共图书馆的组织协调、资源配置、资源共享、服务援助、人员培训、业务指导等任务。

2. 市级公共图书馆的服务功能

市级公共图书馆在当今社会发展进程中有着重要意义，是城市文化的代表。随着人类文化范畴日益扩大，市级公共图书馆的服务功能也应该被重新界定。市级公共图书馆的服务功能主要体现在这几个方面：为民众的终身学习服务、为城市综合竞争力的提高服务、为不同层次的交流和需求服务。

首先，市级公共图书馆是传播先进文化的重要途径，担负着提升市民文化素质、促进城市文化发展的历史责任。具体来讲，市级公共图书馆可以视作为城市居民提供终身学习与继续教育服务的学校，保障城市居民自由、平等地获取各种文化信息、提高科学文化素质，为市民的终身学习服务。

市级公共图书馆在发挥其文化教育职能以及为民众终身学习服务等方面可以采用多种形式，如开展书评、书展、演讲、报告等教育活动，或者开展主题文化教育活动以推动文化的传承与发展。

其次，市级公共图书馆可以使城市综合竞争力得到提高。一个城市是否具有吸引力，是否能够吸引并留住人才，其文化资源与文化发展水平是很重要的影响因素之一，市级公共图书馆就是可以明显提升城市人文气息的机构。市级公共图书馆通过开展各种阅读活动与文化活动，可以丰富市民的精神世界，产生巨大的凝聚力与向心力，并且在促进本地区文化发展的同时，还可以带动当地社会的全面进步。

城市发展离不开广大市民的参与，一座城市要想提高自身实力、加快发展步伐，不仅要重视经济发展与城市管理，还要关注文化发展与市民人文精神的养成。作为民众终身学习的最佳场所，市级公共图书馆应该承担起这一重任。比如，市级公共图书馆可以利用馆内的环境优势，宣传城市文化，创造与当代城市生活相适应的精神文化氛围，扩大城市文化影响力，进一步提高城市的综合实力。

最后，一座具有现代精神的图书馆，应该允许多元化的自由交流的存在。因此，市级公共图书馆应该努力打造多种公众空间，为大众不同层次的交流与需求提供服务。比如，市级公共图书馆除了提供借阅图书的服务之外，还可以举办各类知识讲座、文化沙龙、休闲娱乐等活动，为不同年龄、不同职业、不同爱好的市民提供各种交流场所，以满足他们多样化的精神需求。

（三）社区图书馆

1. 社区图书馆概念

社区，指具有一定地理区域共同性的社会群体。社区有以下几点特征：有一定的地理区域、有一定数量的居住人口、居民之间存在共同意识与共同利益并有着较密切的社会交往、能提供一定的生活服务设施、具有生活制度与管理机构。我国的社区主要包括城市社区与农村社区两类。

庄立臻指出，社区图书馆是指建立在社区内，以政府为主体而创建的，根据社区居民的需要，通过对文献信息及其他来源的信息进行选择、搜集、加工、组织，并提供给全体社区居民使用的文化教育机构和社区信息交流中心[①]。

"建立在社区内"是社区图书馆最明显的特征，虽然其他类型的图书馆也位于一定区域内，但社区图书馆以地域为主要设置依据，区别于其他图书馆的因系统或行政级别而定。可以说，社区图书馆的设置方式是传统图书馆建设理念的一次突破。

"以政府为主体创建"说明了社区图书馆的建设主体应该是政府，即政府对社区图书馆的建设负主要责任。这一建设理念将社区图书馆纳入了全国的公共图书馆体系中，有利于社区图书馆的资源配置与功能的实现。

"根据社区居民的需要"是社区图书馆建设和开展各项工作的目的。具体来说，就是社区图书馆的设施配置、服务方式等都要从居民的实际需求出发，换言之，居民需求是社区图书馆建设的"指挥棒"。

"对文献信息及其他来源的信息进行选择、搜集、加工、组织"说明了社区图书馆的工作内容与工作对象。虽然社区图书馆是社区服务机构，但是其工作对象是文献与信息，工作内容是对文献信息进行有目的的选择与搜集，并进行规范的加工与组织，使信息可以更便捷地为社区居民所用，这也体现了社区图书馆与传统公共图书馆的共性特征。

"提供给全体社区居民使用"指的是社区图书馆面向社区居民的平等性与开放性，其是为全体社区居民服务的文化机构。

"文化教育机构与社区信息交流中心"则指明了社区图书馆的功能，即文化教育与社区信息交流，这些功能既要满足居民的图书借阅与学习教育的需求，也要满足居民的各类信息需求，特别是与本社区密切相关的各种生活信息，这些功能使社区图书馆成为了居民社区活动的重要组成部分。

我国的社区图书馆主要有以下几种类型。

分馆型：公共图书馆的社区分馆。

联办型：社区与公共图书馆联合创办的图书馆或图书室。

托管型：社区委托公共图书馆筹办与管理的图书馆或图书室。

共建型：社区与社区内的企事业单位合作共建的图书馆或图书室。

---

① 庄立臻.社区图书馆的建设与发展[M].杭州：浙江科学技术出版社，2009：30.

公助自办型：政府资助、社区自办的图书馆或图书室。

自建自管型：社区自建的图书馆或图书室。

2.社区图书馆服务特征

我国的社区图书馆主要包括城市社区图书馆与农村公共图书馆两种，二者本质上没有太大差别，只是社区所处位置不同，服务人群的职业、学历等文化背景也有所不同，但二者都是为特定区域内的居民提供文化服务与信息服务的机构。

社区图书馆承担着社区信息传递、引导居民终身学习、丰富居民文化生活、培育社区文化的使命，与省、市级公共图书馆功能类似，此处不再赘述。不过，社区图书馆的服务与省、市级公共图书馆的服务相比，具有一些明显不同的特征，社区图书馆服务特征如图 2-8 所示。

服务范围具有区域性

服务对象具有全民性

服务内容具有多样性

服务管理具有民主性

图 2-8　社区图书馆服务特征

第一，社区图书馆的服务范围具有区域性。学校图书馆、科研图书馆、企事业单位图书馆等是依附于具体机构或组织的图书馆，它们是为这些机构服务的，不具备区域性特征。省、市级公共图书馆依据行政区划分级设置，其服务对象是区域内全体公民，但是由于条件的限制，并不能完全覆盖区域内所有人，不能满足服务区域内每一位读者的阅读需求。但社区图书馆立足社区，强调服务半径与服务便捷度，强调其自身对社区文化的承载能力，这些都体现出社区图书馆的区域性特征。

第二，社区图书馆的服务对象具有全民性。依附于某些具体机构或组织的图书馆一般不对外开放。虽然省、市级公共图书馆的服务对象应该是社会大众，但是其难以做到为社会中所有人提供服务，因此这些图书馆都不完全具有全民性特征。社区图书馆的服务半径较小，其比较容易为社区内所有居民服务。需要指出的是，社区图书馆的全民性特征是表现在某一区域内的全民性，如果所有社区图书馆都能实现全民性，那么社区图书馆为全社会所有民众服务的全民性也将会实现。

第三，社区图书馆的服务内容具有多样性。社区图书馆所在社区的自然环境、经济水平与社会文化背景等的不同，构成了不同社区的文化理念、价值观念与社区归属感，这就使得不同社区的人有不同的阅读兴趣与阅读需求。为满足不同居民的阅读需求，社区图书馆要提供多样化的且适合本社区特点的服务。社区图书馆因其小型小型、多样化且服务灵活方便，弥补了其他类型的公共图书馆在服务上的不足。

第四，社区图书馆的服务管理具有民主性。社区图书馆直接服务于社区居民，因此也被称为"家庭的书柜"或"第二起居室"，这些都说明居民对社区图书馆具有归属感与主人翁意识，社区居民愿意对社区图书馆进行关心与爱护，能够积极参与到图书馆的建设与管理中。与其他类型的公共图书馆相比，社区图书馆能够真正做到民主管理，不仅可以直接收到社区民众对图书馆服务的意见，还可以邀请居民直接参与图书馆的管理与服务工作，使社区图书馆真正融入社区居民的生活之中。

总之，社区图书馆不仅是社区居民的文化中心，还是社区居民的交流中心。其具有文化传播与休闲娱乐的功能，是维护社区和谐的重要文化机构。社区图书馆应该在建设馆舍、购置馆藏文献等实体资源的同时加强服务建设，在发挥基本服务职能之余积极进行服务创新，以实现社区图书馆的可持续发展，使之成为公共文化服务体系中亲近群众、能直接服务于大众的平台。

第三节　公共图书馆读者服务体系

公共图书馆读者服务体系，即由公共图书馆为读者提供的各种服务形式构成的体系，包括图书借阅、文献传递、便民服务等。

一、公共文化服务与公共图书馆

（一）公共文化服务内涵

公共文化服务，是以政府相关部门为中心、其他公共部门共同配合，为公众提供各种公共文化产品与服务的制度和系统的总称，包括公共文化服务设施、公共文化服务资源与公共文化服务内容等，其目的在于保障公民的基本文化生活权利。公共文化服务是服务型政府的职能之一，也是政府公共服务的重要内容。

公共文化服务与市场化经营性文化产业不同，其具有六项基本特性，公共文化服务的基本特征如图2-9所示。

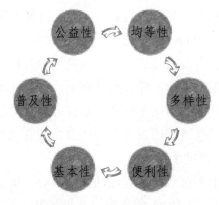

图2-9 公共文化服务的基本特性

公共文化服务具有公益性，追求的是全体公民共享文化成果与文化效益，体现了对人的关怀，能够促进人的全面发展与社会整体文化水平的提升。

公共文化服务具有均等性，即平等性。一方面，公共文化服务的设施、资源等的布局要均等合理，确保所有人都可以享受到程度相当的公共文化服务；另一方面，公共文化服务的对象是全体人民，不应因个人社会背景的不同而区别对待。

公共文化服务与文化产品的类型、层次、服务对象、服务手段等都要尽量体现多样化，充分考虑不同群体的文化需求，特别是对社会弱势群体要提供有针对性的公共文化服务。

公共文化服务应该充分体现便利性，最大程度地覆盖到更多人，并且这种服务应该是持续的、长期的。

公共文化服务具有基本性，公共文化服务旨在满足人民群众最基本的文化需求，对于更深层次、更专业化的文化需求，公共文化服务是无法全部满足的。

公共文化服务具有普及性，面向全体社会公众，能够使所有公民共同享有无差别的公共文化服务内容。公共文化服务的普及性有利于社会整体文化水平的提升。

（二）公共文化服务体系与公共图书馆

1. 公共文化服务体系概述

公共文化服务体系属于公共服务的范畴，包括公共文化政策与理论体系、公共文化基础设施体系、公共文化生产与运营体系、公共文化信息体系、公共文化资金保障体系、公共文化人才体系、公共文化创新体系、公共文化指标体系、公共文化评估与监督体系等内容[①]，是我国社会主义文化建设的重要组成部分。

2. 公共文化服务体系与公共图书馆的关系

首先，公共图书馆是公共文化服务体系的有机组成部分。一方面，公共图书馆是为公众提供文化服务的重要场所；另一方面，公共图书馆为公共文化服务提供了十分丰富的资源。可以说，公共文化服务体系就是以公共图书馆为中心构建起来的。

其次，公共图书馆可以为公共文化服务提供高水平、高素质的服务团队。公共图书馆的工作人员都具有较高的信息素养，可以对信息进行科学的、创造性的加工与传递，进而为公众提供专业的信息服务。

再次，公共图书馆可以为公共文化服务提供强大的技术支持。现代公共图书馆信息服务的系统化、自动化与网络化程度都达到了较高水平，信息传递与读者服务都更加方便快捷。同样地，这些技术也可以应用于公共图书馆之外的其他文化服务领域。

最后，公共图书馆秉持的精神与公共文化服务体系的理念是高度一致的。联合国教科文组织颁布的《公共图书馆宣言》中提出，公共图书馆是传播教育、文化和信息的一支有生力量，是促使人们寻找和平与精神幸福的基本资

---

① 刘剑英，叶艳，姚晓鹭.计算机技术与公共图书馆管理 [M].北京：九州出版社，2017：202-205.

源。可以看出，公共图书馆具有与生俱来的公共与共享的服务精神，而公共文化服务体系也具有公益性、普及性等基本特征，二者的精神理念具有高度的一致性，在实际工作中可以很好地协作配合，共同促进公众文化水平的提高与社会文化的发展。

二、公共图书馆读者服务体系的内涵

（一）公共图书馆读者服务体系的定义

公共图书馆读者服务体系，即公共图书馆读者服务方法体系，是由馆内阅览服务、馆外借阅服务、参考咨询服务、文献传递服务、情报服务、读者教育服务等服务体系构成的多功能、多层次的有机体。

公共图书馆不仅可以通过外借和馆内阅览的方式向读者提供参考咨询、编译报道、文献检索等服务，还能提供电子文献、数据库文献、网络文献等联网的自动化、现代化信息服务。这些服务都有相对独立但又紧密联系的功能、效果与适用范围，作为正规服务方法体系的组成部分，各方法之间相互联系、相互补充、相互渗透、紧密结合。

（二）公共图书馆读者服务体系的具体内容

公共图书馆读者服务体系的具体内容主要包括图书的流通阅览服务、馆际互借与文献传递服务、文献复制服务、参考咨询服务、网络信息服务、视听文献服务、公共文化传播服务、读者教育培训服务、情报研究服务。公共图书馆读者服务体系的具体内容如图 2-10 所示。

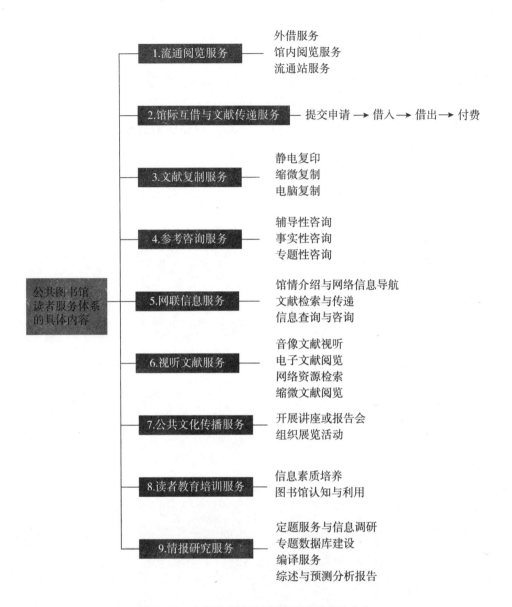

图 2-10　公共图书馆读者服务体系的具体内容

　　从上图可以看出，公共图书馆的读者服务体系的具体内容非常丰富，既包括基础的借阅、咨询服务，又包括读者的教育培训服务、公共文化传播服务等。随着新媒体技术的发展，公共图书馆会发挥更大的作用与价值，特别是随着全民阅读活动的推广与新媒体阅读的普及，公共图书馆服务在快速发展的同时也面临着更大的挑战。

　　公共图书馆的读者服务随着图书馆的发展逐渐形成并不断完善，在任何时期，公共图书馆最根本的任务都是为社会公众提供各种形式的阅读服务，促进大众阅读习惯的养成与社会阅读风气的形成。随着社会的发展，特别是新媒体技术与互联网技术的发展，大众的阅读行为与阅读习惯也产生了很大的变化，公共图书馆要针对这些变化，积极采取相应的措施，引导大众科学、合理地进行阅读。

第三章　新媒体背景下大众阅读行为分析

第一节　新媒体背景下大众阅读行为变迁分析

各种形式的新媒体都在不同程度地影响着大众的阅读行为。在大众的阅读行为中，传统纸质读物的阅读率越来越低，电子阅读则发展迅速，各种碎片化、多元化、娱乐化的阅读方式盛行。面对新媒体时代的到来，大众的阅读行为在阅读动机、阅读形式、阅读内容等方面都在发生着巨大的变化。

一、新媒体背景下阅读的优势与劣势

（一）新媒体背景下阅读的优势

新媒体时代的到来无疑使阅读成为了一种更加方便快捷、可以随时随地进行的活动，其优势是非常明显的，主要包括四个方面。新媒体背景下阅读的优势如图 3-1 所示。

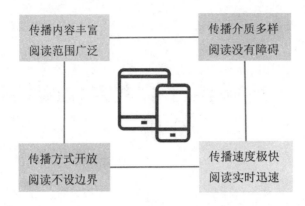

图 3-1　新媒体背景下阅读的优势

1.传播内容丰富，阅读范围广泛

新媒体时代是信息爆炸、知识爆炸的时代，各种各样的信息出现在我们眼前，充斥着我们的生活，带给我们无限的选择。来自视频、音频、文字等各式各样的信息实时刷新着我们面对的屏幕，这些信息克服了报纸、电视、广播等传统媒体的局限性，内容十分丰富、生动，大大提高了人们的阅读兴趣。

不可否认，采用图文结合、视听结合等多媒体形式将信息进行立体化呈现是未来媒体传播的发展趋势，它必将会提升大众的阅读体验。在新媒体背景下，科技发展改变着大众的阅读行为，读者不仅可以阅读到自己需要的内容与感兴趣的内容，还可以围绕阅读内容随时调取各种相关资源，进行辅助阅读。

互联网的发展使全球信息资源共享成为可能，它使我们的信息需求得到了极大的满足。互联网极大地丰富了大众的阅读内容，使读者可以在阅读的同时参与其中的体验互动，这种优势是传统媒体、传统读物都不能提供的。

2.传播介质多样，阅读没有障碍

网络新媒体、移动新媒体、数字新媒体、融合新媒体等各种形式的新媒体越来越受到人们的喜爱，并且这些新媒体也在不知不觉中改变着人们的阅读方式与阅读倾向。

我们阅读的内容并没有发生根本性的改变，只是文字信息与其他符号信息的载体发生了变化，从纸张到屏幕，传播介质的变化的确改变了我们的阅读形式与阅读体验。

如今，读者可以借助各种移动智能终端，在任何时间、任何地点，以任何形式去阅读任何内容，阅读也因此变得更加便捷，并且这种阅读形式还具有更环保、成本更低的优势。

我国网民的规模数以亿计，这就使得手机成为移动阅读的重要工具之一。无论何时何地，我们都能看到各种"低头族"，他们有的在浏览娱乐资讯，有的专注于网络游戏，有的在静心阅读，可以看出阅读不再有种种外部条件的障碍。同时，平板电脑与电子阅读器的迅速发展也使人们越来越倾向于数字化阅读。

信息传播与文献传递介质的多样化，使现代大众阅读成为一种几乎不受外部因素影响的活动，阅读也因此成为一种可以随时随地进行的活动。新媒体技术的发展与各种智能移动终端的普及，使大众的阅读行为成为一种更加自由、更加普遍的行为。

3. 传播方式开放，阅读不设边界

从传播方式来看，传统媒体是单向线性传播，受时空的制约；新媒体则可以突破地域与时间的限制，传播方式趋于双向甚至多向，发布者、传播者、受众之间可以进行动态交流，在交流与互动中不断丰富媒体内容。

对读者而言，他们可以通过网上的文本链接，对阅读的方向、进程、结果进行选择，也可以从浩瀚的信息中，根据自己的阅读需求进行精确查找，从而改变了传统的阅读方式。

新媒体打破了时空的局限，使信息传播渠道更加多元化，传播方式更加开放，也使我们的阅读行为更加多元化。不仅可以读书看报，还可以观看高清图片与视频；既可以横向跨平台阅读，又可以纵向追踪了解事件全貌；接受方式也从固定向移动转变，实现了受众与媒体的零距离接触。

另外，越来越多的"网络公开课"也在影响着我国的教育，拉近了用户与世界教育的距离，网易公开课、新浪公开课、央视网中国公开课等受到广大用户群体的追捧，覆盖了数百万学习者。

互联网使不同国家之间的跨文化传播越来越方便迅捷，新媒体的全球性使得网络用户可以低成本地获取世界范围内的信息，信息的开放性与透明度日益加强。

4.传播速度极快，阅读实时迅速

当我们打开任何一个门户网站，各种信息争相涌现，其中很多都是即时信息。正是网络技术的发展，使新媒体成为实时传播的工具，它还使各种复杂剪辑等后期制作的流程简单化，极大地缩短了新闻发布与传播的时间，使各种信息可以第一时间呈现给用户，这是传统媒体无法做到的。

新媒体用户对即时性信息的处理拥有越来越高的自主性，以微博为例，微博是很多突发事件报道的重要渠道，它可以进行现场直播，极大地促进了信息的传播速度并扩大了信息的传播范围。

随着信息的迅速传播，用户能够实时接收，新媒体用户可以在极短的时间内，通过各种社交平台，了解世界范围内的大小新闻；而且新媒体信息趋于简短化、碎片化，这就使用户的阅读行为变得实时且迅速。

除此之外，随着各种穿戴式终端的相继出现与发展，依赖视频、传感、互动操作等方面的强大功能不断被开发，我们的视野势必会越来越开阔。这样，大众的阅读范围就会更加广阔、阅读内容会更加丰富、阅读形式也会更加多元化。

（二）新媒体背景下阅读的劣势

新媒体时代的到来，给我们的阅读行为带来了很多便利，使我们阅读的内容与形式都得到了极大的丰富，但是不可避免地，新媒体背景下的大众阅读行为也出现了很多不好的现象。新媒体背景下阅读的劣势如图 3-2 所示。

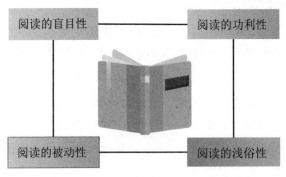

图 3-2　新媒体背景下阅读的劣势

1.阅读的盲目性

前面提到，阅读行为是由阅读需求产生的，但是现在很多人在新媒体上的阅读并没有明确的需求。首先，互联网越来越开放，导致很多负面、虚假的消息夹杂其中，网络信息缺乏可信度；其次，网络信息过于庞杂，使人们无法专注；最后，互联网阅读的干扰与诱惑太多，与纸质书籍相比，阅读效率不高。

有时，人们即使并没有阅读需求，也会打开手机或者电脑网页，进行随意浏览，这种阅读行为只是出于习惯或打发时间，很难有阅读的重点。而且我们经常会有这样的经历：本来是要在网络上搜索自己需要的资料，但是总是被其他内容吸引，导致很难专注。

读者的阅读被娱乐消遣取代，这样阅读就成了一种消磨时间的方式，具有无序性与盲目性，而且读者通常无法从这种阅读行为中获取知识、提升自我。

2. 阅读的功利性

古今中外的各类读本浩瀚如烟，要想将其全部读完，穷尽一生也无法做到，因此读书要读有用的、有益的书。但是"有用"这一含义在今天被过分地窄化了，读书的目的应该在于开阔眼界、增长知识、提升素质、修身养性，但这些目的都不是一时半刻可以达成的，也不是能够明显显露于人前的。

于是，今天的"读书有用论"变成了十分功利性的阅读行为，现在很多人读书要么是出于工作需要，要么是出于某种攀比心理进行读书，这种功利化的阅读行为，也在一定程度上弱化了人们读书的动力，模糊了读书的真正目的。

在商业化、娱乐化的环境下，很多人已经不能静下心来认真读书。一方面人们疲于生活与工作，没有足够的精力阅读；另一方面，越来越多"知识博主"的出现，使人们可以通过其他娱乐化的途径获取知识。

功利性阅读在当下有其合理性，通过网络获取知识也是值得提倡的，不过这些对于个人的长远发展来说是远远不够的，阅读对个体与社会的作用在任何时代都不应该被忽视。

3. 阅读的被动性

新媒体无处不在、无时不有，它使我们经常处于"被动阅读"的状态。

首先是媒体选择的被动性。与传统媒体相比，新媒体呈现出强烈的强制性与侵入性，我们在生活的方方面面都可能会在新媒体的强制下进行被动阅读。比如，新媒体广告会出现在办公楼、电梯间、公交车、出租车等多种场景之中，我们对此难以避免，并且久而久之一定会受到广告的影响。

其次是信息接收的被动性。一方面新媒体传递的信息十分丰富，令人目不暇接、无法选择；另一方面，很多信息的传递带有一定的强制性，使用户不得不接收，比如垃圾短信、广告信息等，它们在我们接收的信息中占有相当大的比重。

新媒体的发展使大众的阅读有了更广阔的选择空间，但是在一定程度上又在影响甚至限制着人们的阅读选择。

4. 阅读的浅俗性

新媒体背景下，受众的时间分配与频率、阅读地点与场合、阅读内容偏好以及阅读专注程度等都呈现出"浅阅读"的趋势。所谓"浅阅读"，就是指几乎不需要大脑进行思考、分析的阅读行为。

导致"浅阅读"的原因主要有二点：第一，新媒体信息被人为地进行浅显化、简单化的处理，使得用户接收到的信息大都无用，但是具有一定的吸引力，容易使人麻痹沉迷，丧失思考的习惯；第二、新媒体使大众的阅读习惯趋于浏览式、随意性、跳跃性、碎片化，导致越来越多的人无法长时间专注于做一件事情，注意力容易分散，难以保证阅读的深度与有效性。

曾有实验证明，对于同样的内容，纸质图书的阅读效果明显高于电子阅读，这正是因为纸质阅读可以使人更加专注，记忆也更加深刻，纸质阅读给人带来的积极作用是电子阅读无法取代的。也许正因如此，虽然新媒体阅读日渐普遍，但是其仍不能完全取代纸质阅读。

二、新媒体背景下大众阅读行为的变化

随着现代信息技术特别是移动网络技术的迅速发展，电子阅读逐渐成为主流的阅读方式，数字化阅读愈加盛行，大众阅读行为也在悄然改变。对于新媒体阅读，不仅要看到其给阅读带来的快捷方便、丰富多元的正面影响，还要正视其带来的一些不良影响，扬长避短，使新媒体更好地服务于大众阅读。

（一）阅读目的与阅读内容的变化

就阅读目的而言，纸质阅读与新媒体阅读其实并无本质区别，因为阅读

目的本来就是千差万别、互不相同的，纸质阅读可供读者娱乐消遣，新媒体阅读也可以帮助读者开阔眼界、提升自我。只是相对来说，纸质阅读更侧重知识的深度学习，电子阅读更侧重知识的广泛学习。大众阅读行为的初衷基本是没有太大变化的，只是在阅读过程中的某些方面，传统的纸质阅读与新媒体时代的电子阅读有较大差别。

在阅读内容方面，纸质阅读的内容通常具有较浓厚的知识性、文艺性，内容比较全面、深刻，前后文逻辑严密，读者需要静心阅读并加以思考，才能真正领会其中之意。但是通常一本纸质读物的内容比较集中和单一，想要了解更多的知识，就要一本书一本书地进行阅读。

而电子阅读的内容具有明显的娱乐性、广泛性，以碎片化内容居多，无需读者进行过多思考，通常追求一时的感官刺激。电子阅读的内容比纸质阅读的内容要丰富得多，但是内容往往过于庞杂，会使读者目不暇接，要想通过电子阅读获取知识，需要读者进行慎重选择。

（二）阅读模式与阅读载体的变化

在新媒体时代，人们拥有各种各样的新媒体终端，人们过去读书看报的时间现在用在网络上，新媒体越来越受到人们的认可与接受，阅读模式从线性阅读向超文本阅读方向转变，阅读的载体也从各种纸质图书转变为新媒体终端。

传统纸质阅读的载体是纸质图书，各种精装本、简装本等都是纸质阅读的载体，总之，传统阅读的图文信息是以纸张为载体的。

电子阅读则是将各种文字符号信息通过各种电子屏幕呈现给读者，如手机、平板、电脑等，任何移动终端产品都可以成为新媒体阅读的载体。

纸质阅读通常需要一定的外部环境条件，如一本书、一个相对安静的空间、一段比较充裕的时间等，在这种阅读模式下，读者追求的是对阅读内容进行深刻、细致的理解，阅读质量较高。

而新媒体移动终端的阅读对环境则没有过高要求，随时随地都可以进行，如在饭桌上、地铁上等，这也使得新媒体阅读越来越趋于碎片化与浅显化，适合一些宽泛、短小内容的阅读。

（三）阅读体验与阅读策略的变化

传统的纸质图书可以给读者良好的精神享受，读者每读一本书或一篇文章，仿佛通过纸张穿越时空与先贤进行对话，这会带给读者一种相对沉浸的阅读体验，在阅读结束后，读者会留下比较深刻的印象。

新媒体阅读带给人的体验，则是信息的内容与形式带来的阅读快感，这种快感通常转瞬即逝，并不深刻，很快就会消失。

阅读的目的决定了阅读的策略，新媒体阅读的目的通常是尽快获取更多信息，因此人们必然会选择快速阅读的方式，即快餐式、跳跃式、碎片式的浅阅读，这种阅读方式简便快捷、省时省力，可以随时随地进行，并能使读者从中获得比较愉快的阅读体验。

读者进行传统纸质阅读的目的多为吸收知识、增长见识，因此会选择静心阅读的方式，通常会留出专门的时间，在专门的地点进行阅读活动，以便对内容进行精细解读与思考分析。

（四）阅读能力与阅读效率的变化

纸质阅读与深度阅读的缺失，更多的是因为生存压力以及新媒体娱乐占据了人们的阅读时间。读者如果能够正确利用新媒体工具，也可以达到深度阅读的目的，只是新媒体并不专门为深度阅读服务，这就导致新媒体用户如果利用新媒体平台进行深度阅读，阅读效果并不理想。纸质阅读重视对文本的深刻理解，读者认真阅读一部作品，可以明白很多知识、道理，阅读效率自然不低。新媒体阅读则是"以量取胜"，通过大量文本片段的阅读以弥补阅读深度的不足。

从阅读能力来看，纸质阅读更加注重读者的理解能力，要想读懂一本书，一定要有良好的理解能力，这样才能明白作者的情感与文字的含义。新媒体阅读则更注重读者的筛选能力，如果大数据推送什么就看什么，这种"阅读"效果显然是不好的，只有从中筛选出自己需要的内容，才能真正从新媒体阅读中获益。

总之，与传统阅读环境相比，新媒体背景下，大众阅读行为的变化是十分明显的，可以总结归纳为八个方面，如表3-1所示。

表3-1 新媒体背景下大众阅读行为的变化

变化方面	纸质阅读	电子阅读（数字化阅读）
阅读目的	侧重拓展思维深度	侧重全面性，遍览天下之事
阅读内容	内容深刻，但比较单一	内容丰富，但过于庞杂
阅读模式	求精、求细、求质量	求快、求广、求数量
阅读载体	印刷读物	丰富的终端产品
阅读体验	追求精神享受	注重阅读快感
阅读策略	定时、定点、定向	随时、随地、随意
阅读能力	理解能力	筛选能力
阅读效率	以深刻理解达成高效阅读	以博采众长弥补"浅阅读"的不足

综上所述，新媒体背景下，大众阅读行为发生了很多变化，不过我们也不能将这些变化都归因于新媒体技术的发展，也有部分原因是时代与社会的发展和变化。因此，我们要辩证看待当今阅读行为与以前阅读行为的不同，客观分析传统纸质阅读与现代新媒体阅读的优劣，扬长避短，使大众有更好的阅读体验。

第二节 新媒体技术对大众阅读的推广

在新媒体背景下，任何人都在主动或被动地进行阅读，新媒体技术对大众阅读的推广具有一定的促进作用，不过新媒体技术也对传统阅读造成了一定冲击。如何利用新媒体技术的优势，吸引更多人参与到有效阅读中是公共图书馆需要研究的问题，也是公共图书馆发挥其教育引导作用的良好契机。

一、新媒体技术在大众阅读中的作用

（一）新媒体技术使大众阅读更加实时迅速

在新媒体平台上信息的发布者与传播者可以进行快速操作，新媒体技术传播速度快、信息时效性强的特点可以使大众阅读更加实时迅速。

与传统媒体相比，新媒体可以做到信息的即时采集与迅速发布，甚至可以在事件发生的同时进行同步传播、现场直播，不受印刷、运输、发行等后续环节的限制，信息可以迅速传递给用户。正因如此，新媒体更加关注当下，关注新闻事件发生的第一时间并对其进行跟踪、细化，使信息可以在 24 小时内滚动更新，接收者可以即时接收，还可以根据自己的需求延后接收和反复阅读。

此外，抛开阅读的内容与形式，新媒体的确在一定程度上使阅读行为更加大众化，使每个人都拥有了认识世界的窗口，并且这个窗口可以随时随地地打开，方便用户看到更加广阔的世界。

（二）新媒体技术使大众阅读拥有多个维度

随着数字技术与互联网技术的快速发展，新媒体形态也越来越丰富，信息呈现模式也拥有了多个维度。比如，对于一次活动的宣传，可以采用活动介绍、实时追踪、高清图片、活动视频等形式，使读者的阅读维度得到极大的丰富，同时带给读者身临其境的感觉。

新媒体技术弥补了传统媒体枯燥、延迟、单向性等不足，使读者可以及时得到全方位、立体式的信息资源。新媒体客户端的多样化，也是新媒体多维度特征的一种表现，为用户接收信息拓宽了渠道，使用户足不出户就能通过数字电视、电脑网络等媒介纵览天下信息，也可以随时随地使用手机获取个性化的资讯。

（三）新媒体技术使大众阅读更加开放广泛

新媒体技术可以为读者提供海量的信息资源，同时也可以为读者提供各种不同的阅读文本，并且具有传统阅读不具备的快速检索优势；因此，读者可以在新媒体平台上快速阅读到更多自己感兴趣的内容。同时，基于自身的搜索记录与阅读习惯，用户可以不断接收到与已读文本在内容或形式上相似或相关的信息，这样读者的阅读范围也会得到不断拓展。

总之，新媒体阅读使大众的阅读行为变得速度更快、内容更丰富、参与性也越来越强，对促进大众阅读具有积极的作用。因此，公共图书馆要善于利用新媒体平台的优势，将图书馆服务与新媒体技术结合，引导读者进行有效阅读，提升图书馆的服务质量，吸引更多读者参与到阅读活动中，构建全民阅读的社会。

二、基于新媒体技术的公共图书馆阅读推广策略

（一）提高馆员认识水平，搭建活动平台

　　公共图书馆的馆员要充分认识到新媒体技术的特点与优势，学习并合理利用新媒体技术推广大众阅读，这样可以有效提升活动宣传的整体效果。但是，在目前很多公共图书馆的阅读推广活动中，新媒体技术的使用远远不够，部分图书馆仍然采用传统活动模式。此外，新媒体技术的应用并不应局限于官方网站与微信、微博等平台对信息的简单宣传，而应对活动进行更加立体化、更加深入的宣传与报道，并将新媒体技术与理念贯穿整个活动之中。

　　面对新媒体变革带来的机遇与挑战，公共图书馆要做到积极拥抱变化、与时俱进。首先，要加强工作的顶层设计，树立积极应用新媒体技术的工作理念，加强新媒体阅读推广服务模式的整体规划，自主开发并管理自身的图书馆门户网站，有步骤、有计划地推广数字资源阅读、移动图书馆、电子阅读器等阅读方式，逐步将新媒体技术与理念深入到工作中。其次，公共图书馆要加强对馆员的宣传与培训工作，对新媒体的认识与如何将其应用于图书馆工作中，也是馆员需要学习的内容。

　　因此，公共图书馆要确保馆员对新媒体有足够的认识，具备新媒体技术的应用能力；同时，加强新媒体活动平台的搭建，根据图书馆自身的实际需求与实际条件，开发、利用新媒体阅读推广平台，加强与其他部门的合作，建立一体化的活动服务体系，通过新媒体平台信息的即时同步功能，将图书馆的活动信息及时告知广大读者，深化大众对图书馆的认识，提高图书馆的使用率。

（二）全面建设资源，加强读者宣传工作

　　公共图书馆的馆藏数字资源与新媒体资源是图书馆新媒体阅读推广工作的基础条件。公共图书馆要大力实行图书馆馆藏信息资源的数字化，拓展公

众利用图书馆资源的方式，提高资源的利用率。例如，大英图书馆于 2011 年就已经将 6 万多册经典文献资源进行了数字化处理，读者可以使用 iPad 等阅读工具免费下载阅读[①]。此外，公共图书馆要定期组织专业人员，加强网络资源的整合，建立个性化的资源数据库与服务平台，方便读者利用新媒体技术获取数字化的馆藏资源。

在新媒体时代，图书并不会消亡，只是换了一种存在方式继续发展。图书馆阅读推广活动的形式也会随着新媒体技术的应用变得更加丰富。与传统阅读推广活动的形式相比，新媒体阅读推广活动更容易吸引年轻人的关注，对于其他人群，图书馆可以采用传统形式与新媒体形式相结合的方式，引导更多读者获取图书馆的活动信息。

当下读者获取信息的渠道十分多样化，信息资源数量也空前丰富，但是网络数字资源存在信息质量良莠不齐、信息泛滥、信息鸿沟、信息安全、知识产权等问题，大众的新媒体阅读素养有待加强。因此，公共图书馆要注重引导读者开展新媒体阅读并提高读者利用新媒体进行阅读的能力与兴趣。比如，通过信息检索与使用的培训、读者入馆活动、新媒体阅读能力提升课堂等活动，帮助读者利用好新媒体这一阅读平台。

（三）促进新媒体阅读推广与经典阅读推广的融合

美国作家尼古拉斯·卡尔在《Google 是否让我们越来越傻》一文中说："人类是否正在失去阅读经典的能力，甚至失去阅读一篇长文的耐心，有的只是零碎的片段以及习惯这些零碎片段的记忆和阅读习惯。"美国历史学家西奥多·罗斯扎克也在《信息崇拜》中指出："信息，到处都是信息，唯独没有思考的头脑。"由此可看出，碎片化阅读与浅阅读，不利于读者真正理解经典作品并从中汲取养分，这也是公共图书馆开展数字化阅读推广要十分注意的问题。因此，公共图书馆利用新媒体技术进行阅读推广，既要借助新媒体技术的优势，也要注重将经典阅读与之结合起来，避免大众阅读的碎片化与肤浅化。

一方面，对阅读内容质量的保证是提高读者阅读品味的基础。公共图书馆在文献资源数字化过程中，要格外注重古今中外各类经典作品的数字化，将这类数字化作品通过新媒体与互联网推送给广大读者，从而让读者利用新

---

① 李明著.高校图书馆阅读推广研究[M].北京：朝华出版社，2019：155.

媒体平台阅读经典，感受经典作品的精神内涵。

另一方面，合理的阅读推广形式与推广策略是引导读者进行经典阅读的助推力。公共图书馆要努力整合多种媒体技术，以立体化、多元化的阅读推广方式吸引大众进行经典阅读。

此外，浅阅读与深阅读并不是水火不容的关系，二者有各自的特点与优势。比如，公共图书馆可以通过微书评、在线小游戏等浅阅读活动吸引读者的阅读兴趣，再合理引导读者进行深阅读，这样可以有效提高读者的阅读兴趣与能力。

（四）加强新媒体阅读推广与传统阅读推广的融合

随着新媒体技术的不断发展与大众阅读推广活动的持续深入，公共图书馆的阅读推广活动将更多地应用互联网技术与新媒体技术。不过，传统模式下的阅读推广活动也不能全部废止，传统的阅读推广活动具有体验性强、短期影响大、追踪方便等优势；因此，在加强新媒体阅读推广的同时，也不能忽视传统阅读推广活动的作用，要将二者合理利用，使其互相补充、共同发展。

公共图书馆的阅读推广有时是一系列不同主题的活动，有时是一系列同一主题但不同内容形式的活动，在这种情况下，新媒体阅读推广活动与传统阅读推广活动就更容易互相借力、共同作用。比如，公共图书馆可以一面举办经典书籍资料的线下推广，一面通过新媒体平台进行网络互动，吸引更多读者的参与。

根据我国公共图书馆阅读推广活动的发展趋势，公共图书馆总体策划的角色定位可能会得到进一步转变与明确，阅读推广活动将更多地发挥参与者的主观能动性，利用广大读者的积极性与创造性开展活动，使读者从被动的参与人员转变为主动的策划者和组织者，从而积极利用新媒体技术开展阅读推广活动。

第三节 新媒体背景下大众阅读行为对公共图书馆服务的影响

新媒体技术的发展与移动互联终端的普及，深刻影响大众阅读方式的同时，也给公共图书馆服务带来了机遇与挑战。一方面，新媒体阅读服务的高效性、便捷性与科技性是传统图书馆无法比拟的；另一方面，新媒体阅读服务的发展也为公共图书馆服务带来了新的思路，二者可以相互融合，优势互补，共同为大众提供优质的阅读服务。

一、新媒体背景下公共图书馆面临的挑战

新媒体技术的迅猛发展与广泛应用给公共图书馆的各项工作带来了前所未有的挑战。通过新媒体平台，用户可以在任何时间、任何地点使用各种信息交流技术或系统，快速便捷地检索和利用图书、音像、期刊等信息内容，这些都使公共图书馆面临读者服务方式、信息资源建设、公共平台建设等方面的变革。

（一）读者服务方式的变革

传统图书馆服务的对象是能够亲自走进图书馆并进行阅读的读者，服务方式为单一的、面对面的。而在新媒体背景下，读者获取信息的途径逐渐增多且变得更加快捷，阅读环境更加开放，阅读模式更加多元化，单一的线下实体服务越来越不能满足读者的需求，更多读者开始倾向于多元化、网络化的阅读服务。

公共图书馆的服务方式也要向能够提供各种信息技术资源与信息服务的方向转变，这就要求公共图书馆不仅要具有提供馆内储藏文献与服务的能力，还要拥有通过网络互联不断扩大电子文献与网上文献的处理和服务的能力，

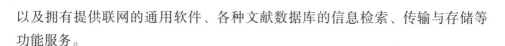

以及拥有提供联网的通用软件、各种文献数据库的信息检索、传输与存储等功能服务。

（二）信息资源建设的变革

传统图书馆文献资源的建设方法以纸质为主，而在新媒体背景下，信息内容与形式的多种多样，使图书馆的馆藏资源突破了传统文献资源的范畴，这就要求公共图书馆在资源建设方面除了充分利用纸质文献资源的优势之外，还要积极开发与利用数字资源与网络资源，逐步形成以数字信息技术为核心的存储格局。

此外，公共图书馆要加强特色馆藏文献的资源建设，推动和加快开放存取期刊和机构资源库的建设，早日实现全社会的共建共享；还要致力建设成体系、有特色的专题知识库，实现传统资源与数字资源、馆藏资源以及网络资源的良好整合。

（三）公共平台建设的变革

在公共图书馆发展的初始阶段，很多省、市级的公共图书馆纷纷开始搭建自己的服务系统与服务平台。但是在新媒体发展一日千里的今天，阅读介质的革新必然会带动读者群体进行阅读选择上的革命，这就要求公共图书馆采用统一标准和开放协议，提供数字资源的统一检索、传递共享、馆际互借等服务，联合虚拟参考咨询功能，积极搭建开放的数字平台，实现公共图书馆服务网的全国性联动，使公共图书馆能够通过各种多媒体终端为读者提供服务。

总之，新媒体时代的来临，使人们获取信息的途径变得更加多样化；但公共图书馆服务设施网络体系建设的整体服务效能还有待提升，尚未形成一个统一协调的网络服务体系，再加上各种外在因素的制约，公共图书馆在资源利用方面受到种种限制，较难满足新媒体时代读者的阅读需求有待进一步的发展。

二、新媒体背景下大众阅读行为对公共图书馆服务的影响

公共图书馆承担着保存人类文化、进行社会教育、传递科学情报、开发大众智力等基本职责，是民众理想的读书与学习的场所，是满足人们不断增长的阅读需求的重要平台。公共图书馆可以通过对读者阅读行为的组织和管

理，实现阅读效率的最大化，促进终身阅读、全民阅读理念的推广，这也是公共图书馆阅读教育工作的根本目的。

在新媒体背景下，随着大众阅读方式的变迁，图书馆的服务职能也在发生变革，与传统的文献信息服务相比，新时代公共图书馆服务范围更广泛，服务方式也更多样。

新媒体背景下大众阅读行为对公共图书馆服务的影响如图 3-3 所示。

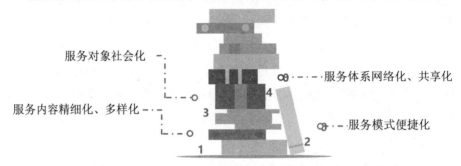

服务对象社会化

服务内容精细化、多样化

服务体系网络化、共享化

服务模式便捷化

图 3-3　新媒体背景下大众阅读行为对公共图书馆服务的影响

第一，服务对象社会化。公共图书馆逐渐全面免费对公众开放，图书馆服务对象也从固有读者逐步扩展为更广阔的人群，特别是新媒体时代的到来，使图书馆的服务对象空前广泛，囊括了几乎所有的社会大众，图书馆的服务对象也因此具有明显的社会化特点。

公共图书馆以社会大众为服务对象，开发各类信息产品，提供全面的信息咨询服务与定向服务等，这些信息服务进一步拓展了公共图书馆的服务职能，使公共图书馆的服务变得更加社会化。

第二，服务内容精细化、多样化。新媒体背景下，文献信息资源结构发生了巨大变化，图书馆信息资源具有类型多、语种多、跨时空、跨行业、等多重特征，文本、数据、图像、音频、视频等形式应有尽有，信息资源的选择也呈现出复杂性与多样性的特点。

新媒体背景下，读者对信息的利用程度不断加深，其不再满足于一般性的服务，也不再过度关注信息资料量的问题；读者的需求转向了更加快速、精准、精细、新颖、全面的服务。正是由于读者的这些信息需求与阅读需求，公共图书馆服务内容趋向精细化与多样化，服务质量也更加优质化。

第三，服务体系网络化、共享化。新媒体背景下，随着信息资源的数字化、传输的网络化及技术标准与运行规划的统一，公共图书馆的阅读服务不再局限于馆际互借的传统模式，已经可以通过信息传输网络和以计算机为核心的现代信息工具，向读者提供数字化的书目信息、文摘信息甚至全文信息。

网络体系下的信息资源大多为公开免费的，为所有网络用户所共享。数字化的发展使资源共享逐渐成为现实，数字媒体的出现也扩大了信息流通与共享的范围，使各省、市级公共图书馆由"单兵作战"转为"协同作战"，各馆的信息由"独享"变为"共享"。

第四，服务模式便捷化。新媒体背景下，我国很多公共图书馆已经实现了内部局域网管理，服务手段也实现了自动化与数字化。自动化服务即在采访、编目、流通等业务环节和工作程序上充分利用计算机技术、自动化办公技术、多媒体技术、软件技术等技术，将捕捉到的新信息进行及时加工整理与传递，实行现代化的信息管理。

第四章　新媒体技术应用于公共图书馆服务

第一节　网络媒体应用于公共图书馆服务

现代信息技术与互联网技术的发展，是促进新媒体技术出现的重要原因，也是公共图书馆服务发展的新助力。网络图书馆的出现，使传统图书馆的服务职能得到拓展、服务范围得到延伸。随着网络图书馆的发展，读者可以利用互联网平台享受到越来越多的阅读服务，极大地提高了公共图书馆阅读服务的效率。

一、网络图书馆

新媒体背景下，网络图书馆在公共图书馆中的应用已经十分普及，公共图书馆的门户网站与官方微博等平台迅速发展了起来。但是人们对网络图书馆的定义还不明确，有数字图书馆、电子图书馆、网络图书馆、在线图书馆、虚拟图书馆等不同叫法，这些称谓之间存在着一定的区别。

为了便于研究，本书将这样理解网络图书馆：网络图书馆是借助互联网平台，以建设图书馆门户网站为主要形式的，融信息资源建设与管理、服务于一体的在线数字资源接口。网络图书馆可以理解为数字图书馆的网络版，它可以通过互联网为读者提供全方位、个性化的数字信息服务，包括用户管理、查阅引导、信息检索、资源查询等。

网络图书馆的建设依托于强大的数字资源，这就要求公共图书馆以资源建设为核心，围绕馆藏文献数字化，做好信息资源的加工、存储、管理和传输工作。同时各图书馆要加强馆际联合，推动文献信息资源的共建共享，建设无缝跨馆链接与智能检索的知识中心，进而更好地为广大用户提供实时、便捷、个性化的服务。

二、网络图书馆的服务优势

随着全国文化信息资源共享工程与数字图书馆推广工程的深入推进，公共图书馆的门户网站建设已经初具规模，数字资源不断得到开发利用，网络图书馆规模不断扩大，网络图书馆服务质量也在逐步提高，已经发展成为能够随时为读者提供服务的智能型图书馆。网络图书馆的服务优势如图 4-1 所示。

图 4-1　网络图书馆的服务优势

（一）资源丰富，形式多样

网络图书馆具有形式多样、内容丰富的各类资源。在现代计算机技术与网络技术的支持下，公共图书馆积极开发数字资源与网络资源，使各种信息的载体从纸质文献转变为数字化文献，极大地丰富了信息内容与获取渠道，网络图书馆正逐渐成为信息资源的中心。

我国各级公共图书馆的数字资源存储量在 10 000 TB 以上，平均每个省级数字图书馆拥有 100 TB 资源，每个市级数字图书馆拥有 30 TB 资源，每个县级数字图书馆拥有 4 TB 资源。这些丰富且庞大的数字资源，为我国公共图书馆事业的发展提供了十分厚重的资源基础，也是网络图书馆建设的重要资源保障。

（二）覆盖广泛，惠及全民

我国的网络图书馆已经覆盖到了许多地区，其服务范围远超传统图书馆。目前，各省级公共图书馆都已开通自己的网络图书馆，一些地区的市、区、县级公共图书馆也拥有了网络图书馆，这些网络图书馆共同组成了资源丰富、服务范围广泛的文化机构，成为了名副其实的"没有围墙的图书馆"，这在一定程度上弥补了传统图书馆在阅读服务方面的不足。

首先，网络图书馆对全体社会成员开放，读者使用起来十分便捷，这就使传统图书馆的服务得以延伸和拓展，那些由于地域等原因无法到馆阅读的群体也可以通过网络图书馆享受到图书馆的服务。与此同时，网络图书馆还可以为个人或组织提供多样化的、个性化的信息服务。

其次，网络图书馆的使用没有时空的限制。只要读者可以登录网络图书馆的网站，就可以在任何时间、任何地点享用图书馆的数字信息资源，摆脱了传统图书馆的时空限制。

另外，互联网技术的广泛应用与网络的普及，也为进一步拓宽公共图书馆的服务范围提供了条件。截至今天，我国公共图书馆网站总数已经超过一千个，网络图书馆的服务可以覆盖全国大部分地区，使公共图书馆的公益性得到了更大限度的发挥，真正做到了惠及全民。

（三）开放互联，共建共享

网络图书馆具有开放的建设平台、开放的管理模式与开放的丰富资源，这些都为其实现全面的开放性服务提供了保障。网络世界的信息传播十分便捷，为文献资源的传播与共享创造了条件，促进了文献信息资源的社会化与公开化，使图书馆的服务范围、服务效能都有了极大的突破。

网络图书馆提供了大量的知识与信息服务，每一位用户都可以通过网络图书馆获得这些服务，并且不会受到时空因素的限制，丰富了人们获取与利用信息的方法，极大地提高了公共图书馆的服务效率，并且促进了用户与图书馆、用户与用户之间的分享互动。

根据我国《公共图书馆服务规范》，公共图书馆网络与宽带接入是为读者提供网络信息服务的基础。公共图书馆网络与宽带接入指标如表4-1所示。

表4-1 公共图书馆网络与宽带接入指标

等级	互联网接口	局域网主干	局域网分支
省级馆	≥ 100 兆	≥ 1 000 兆	≥ 100 兆
地级馆	≥ 10 兆	≥ 1 000 兆	≥ 100 兆
县级馆	≥ 2 兆	≥ 100 兆	≥ 100 兆

不难预见，随着互联网技术的进一步发展，特别是云计算技术的开发和应用，网络图书馆的服务效能将得到进一步提升，同时网络图书馆还可以推动文献信息资源共建共享平台的建设，加快公共数字文化资源生产，实现知识资源与信息资源的智能共享，提高资源的利用率。

网络图书馆的共建共享使公共文化产品服务得到了空前的发展，还使文献信息资源的获取得到了保障，同时使新媒体背景下的公共图书馆数字文化产品的供给与服务能力得到了提升，已经形成了资源充足、服务快捷的文化服务阵地。

（四）发挥特色，区域互补

网络图书馆在共建共享的同时，也应重点开展地方特色资源的发掘与整理，实现对地域性文化资源的传承与利用，为地区地方特色文化与民族特色文化的传承和发展提供支撑。这样不仅能避免重复建设造成的资源浪费，而且能极大地丰富图书馆的信息容量。

所谓馆藏特色，是指公共图书馆经过长期的建设积累，在某些领域形成的具有一定规模、结构比较完整的优势文献资源。馆藏特色资源形式各异、内容丰富多彩，能为读者提供多样的视角和特色的服务。例如，中国国家数字图书馆开设的地方馆资源，就集中了山东、吉林、湖南、浙江、四川等省级图书馆的特色资源。

当前，各级图书馆都已经充分认识到了馆藏特色资源建设的重要性，并且已经建成了一批主题明确、特色鲜明、类型丰富的馆藏特色资源。部分公共图书馆的馆藏特色资源如表 4-2 所示。

表4-2　部分公共图书馆的馆藏特色资源

图书馆	馆藏特色资源
天津图书馆	革命文献、古籍善本图录
安徽省图书馆	安徽古建筑、安徽戏曲、安徽旅游、安徽文化名人等
河北省图书馆	"跟着毛公畅读诗经"、《典籍背后有故事》
南京图书馆	轻纺艺术杂志、盲人有声读物
长春市图书馆	百年长春资源库、萨满文化专题数据、馆藏国家珍贵古籍数据库等

由此可见，我国可以以文化共享工程和数字图书馆推广工程为抓手，发挥特色，优势互补，共建优秀地方特色数字资源，提升数字图书馆资源建设和保障的整体水平。

三、网络图书馆发展存在的问题与未来的发展方向

（一）网络图书馆发展存在的问题

随着我国公共文化服务体系建设的大力推进，网络图书馆的建设也在蓬勃发展。近些年来，我国公共图书馆数字资源的供给能力与文献传递能力不断提高，网络信息保障与信息服务也得到了进一步的发展；不过，整体而言，我国网络图书馆还存在数字版权、重复建设、人才缺乏、资金短缺等问题。

1. 数字版权

在今天的网络背景下，数字版权问题日益受到人们的重视，数字版权纠纷屡见不鲜。因此，如何妥善解决数字化信息资源的版权问题，已成为网络图书馆发展的重中之重，这不仅关系到公共图书馆的现代化发展与公共文化事业的走向，还关乎经济社会的发展以及科学文化事业的繁荣。

在版权纠纷频出的网络时代，全社会都要对数字文献的版权保护与授权等问题给予高度关注和重视，形成全社会共同保护知识产权的局面，为网络

图书馆的发展创造有利的法律环境与社会环境。

2. 重复建设

当前，网络图书馆的建设依然没有停下脚步，数字门户网站逐渐成为很多公共图书馆的门面。但是在网络图书馆的建设过程中，存在非常突出的重复建设的问题，各图书馆之间缺乏统一的规划与紧密的沟通，导致很多文献数据和硬件设施无法兼容，网络资源无法被充分利用，网络资源的共建共享面临现实困难。

好比万方数据、中国知网、超星数字图书馆、维普网、读秀学术搜索等，它们的数据库虽然各有侧重，但是彼此之间难免有大量交叉重复收录，各级公共图书馆的网络资源建设也有类似现象。这种"各自为政"的独立建设方式带来了大量重复性工作，造成了人力物力的浪费。

因此，公共图书馆在利用网络技术的同时，也要结合其他地区已有数字资源的优秀与本地数字资源的实际需求，提高自己的资源共享意识与馆际合作互联意识，尽量避免资源数字化过程中的重复工作；同时，各级图书馆要结合本地的历史、人文、社会、自然等特点，建设具有地方特色的地方文献数据库，丰富自己的馆藏特色资源。

公共图书馆可以借助全国文化信息资源共享工程与数字图书馆推广工程，与其他图书馆互相学习借鉴，实现馆际信息互通，共同打造完备的网络图书馆的格局。

3. 人才匮乏

我国公共图书馆事业发展的各项规划几乎都指出，要不断提高公共图书馆工作人员的素质，不断加大优秀人才的培养力度，特别是要在古籍保护、信息资源建设、未成年人服务、数字图书馆建设等事业发展重点领域加大投入，培养一批合格的领军人物，打造一支结构合理、素质优良、能力出众的人才队伍。

不过，就目前公共图书馆的人才情况来看，尽管我们在不断加强馆员队伍知识结构的调整，但是仍有部分馆员的专业知识与技能无法适应网络图书馆发展的需求，仍然缺乏兼具图书馆专业知识与网络应用技能的高素质复合型人才。

数字信息资源的挖掘、整理与传递已经成为网络图书馆的核心竞争力，这也对公共图书馆与图书馆馆员的工作提出了更高的要求。公共图书馆需要文献资料数据的加工人才，需要能够开展参考咨询服务的专业导师，需要能够进行技术维护的技术人才，需要采集情报的信息人才，需要同时具备学科知识与创新能力的学科馆员，更需要各有所长、互相补充、爱岗敬业、善于管理的专业队伍。只有建立起一支能够适应时代发展、引领图书馆前进的队伍，公共图书馆事业才能稳步发展，为人民提供更多更优质的服务。

4. 资金短缺

公共图书馆是政府扶持的公益服务性的事业单位，其建设经费主要依靠地方财政拨款。特别是近年来，在新媒体背景下，现代化、数字化的网络图书馆的建设必然需要大量经费，而且图书、刊物等的价格也在不断上涨，这就导致一些公共图书馆只能保障基本经费支出，难以建设并维系网络图书馆。

网络图书馆的建设是一项庞大、系统、长期的工程，硬件设备、软件资源、数字化资源更新、馆藏文献的数字化转换、人员培训等，都需要充足的资金作为保障。资金短缺仍然是网络图书馆建设的关键问题，也是困扰公共图书馆现代化发展的老大难问题。

（二）网络图书馆未来的发展方向

我国政府一向对公共文化事业高度关心，在为公共图书馆的建设指出方向的同时，也对加快建设网络图书馆提出了要求。具体而言，我国网络图书馆未来的发展方向体现在如下三个方面。

1. 坚持公益理念，发挥教育功能

网络图书馆是现代公共图书馆的有机组成部分，也是公共文化服务的重要阵地，与其他形式的图书馆共同承担着传播文化与社会教育的重要责任。

网络图书馆具有信息资源丰富、覆盖范围广泛、传播速度快的优点，网络图书馆要发挥这些优势，积极抢占网络文化阵地，维护和保障大众的基本文化权益，在尊重和保护知识产权的前提下，提供相应的免费服务，突出其公益性。

网络图书馆作为信息资源中心和文化服务中心，可以提供各种数字信息资源，应该充分发挥其社会教育功能，创造良好的学习环境，力争成为聚集优秀文化资源的信息宝库与开展公众教育的宣传平台，使广大读者可以通过网络图书馆接受文化教育。

2. 加强技术研发，制定标准规范

网络图书馆要继续将高新技术应用于公共图书馆工作，同时积极推动先进技术的研发与相关标准规范的制定，为公共数字文化建设提供有力的技术标准保障与服务资源基础。

标准规范的制定，可以为网络图书馆的经济、可持续建设提供根本保证，这也是网络图书馆长期发挥作用的必要条件。如果不重视标准规范建设，一定会导致资源的重复开发，无法真正做到共建共享，从而在一定程度上影响网络图书馆的发展能力。

网络图书馆要加快标准规范建设，坚持共建共享共赢的原则，扩大网络图书馆的资源总量，形成规模效益，有效提高网络图书馆的服务质量与服务效率。

3. 创新服务模式，提高服务效能

网络图书馆要坚持用户需求为主、服务为先的原则，要在充分了解群众对公共数字文化的需求的基础上，建设丰富的数字资源，加强公共数字文化的惠民服务，积极创新服务模式与服务渠道，开发新的服务功能与服务手段，主动为广大读者群体提供多样化、多层次、个性化、专业化的阅读服务，切实保障信息技术环境下公共文化服务的公益性、基本性、均等性、便利性。

网络图书馆不是单纯地将信息服务以网络形式呈现给用户，而是要打破被动局面，采取积极主动的服务模式，为用户提供全方位的交互服务，以用户的信息活动为中心建设立体化的服务网络，利用精准的信息检索技术与一体化的综合信息服务，为用户提供高效快捷、满足其个性化需求的服务。

第二节　手机媒体应用于公共图书馆服务

移动互联网的发展源于移动通信与互联网的结合，由此形成了一种全新的网络环境，随着移动互联网的发展，手机也成为了有着广阔发展前景的信息终端。目前，移动信息服务已经广泛应用于多个领域，图书馆领域也会利用手机移动信息平台来扩展服务。手机图书馆具有便捷、实时、互动、个性

的特征，不仅可以提供借阅、浏览等服务，还可以提供文献检索、参考咨询、自助服务等形式多样的动态服务。

一、手机图书馆

手机图书馆是一种新兴的图书馆信息服务模式，融合了图书馆服务与手机各项增值服务，是公共图书馆信息服务有效延伸的手段之一。手机图书馆是以移动信息服务为基础的，在手机、平板电脑等移动终端获取各类数字资源的移动式图书馆。

手机图书馆结合了图书馆系统与无线通信网络，借助智能手机的极高普及率，使传统图书馆的服务范围得以扩展、服务内容得以延伸。在手机平台上，几乎所有的数字图书馆功能如信息通知、借阅管理、在线阅读等都可以实现，这就为读者提供了十分便捷的服务，不仅提高了服务效率，还有效扩展了服务范围。

二、手机图书馆服务

（一）手机图书馆服务模式

手机图书馆的服务模式主要有三种：基于短信的模式、基于 WAP 网站的模式、基于客户端软件的模式。手机图书馆服务模式的服务方式、服务内容与优缺点总结如表 4-3 所示。

表4-3　手机图书馆服务模式的服务方式、服务内容与优缺点总结

模式	服务方式	服务内容	优点	缺点
基于短信的模式	图书馆利用手机短信服务平台，为读者提供主动推送式服务	借阅查询、图书预约、到期提醒、读者证挂失等	及时快捷、成本低、便于跟踪、可以覆盖广大用户群体	格式简单、文本信息长度受限、无法实现复杂信息检索

模式	服务方式	服务内容	优点	缺点
基于WAP网站的模式	读者通过具有上网功能的手机，随时随地访问手机图书馆网站	文献检索、个人信息查询、借阅信息查询、图书预约或续借、访问图书馆电子资源、在线阅读、在线咨询、数据库资源下载等	使用方便、功能全面	受限于WAP模式，网络访问宽带与数据传输速率较低，导致服务效果有时不稳定
基于客户端软件的模式	是图书馆为读者提供的个性化软件服务，读者下载软件到手机上，即可进行各项功能操作	获取各类活动信息、查询馆藏书目、下载电子图书、阅读手机端提供的各类报刊、观看视频等	操作便捷灵活、功能丰富多样、网络流量需求小、用户界面精美	操作系统各异、配置参差不齐、会有不兼容现象、技术难度大、更新成本高

（二）手机图书馆服务功能

手机图书馆服务功能十分全面，可以概括为五点。手机图书馆服务功能如图 4-2 所示。

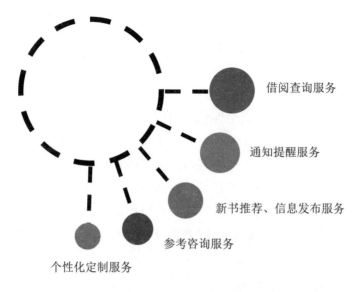

借阅查询服务

通知提醒服务

新书推荐、信息发布服务

参考咨询服务

个性化定制服务

图 4-2　手机图书馆服务功能

第一，手机图书馆可以提供借阅查询服务。手机图书馆的检索查询功能与其他数字化检索功能基本相同，读者可以在手机上登录图书馆的自助服务网站，并按照网站指示进行操作，查找目标图书的在库信息与具体状态。另外，用户还可以检索到目标图书的关联资源信息，这样，数字图书馆的利用率可以达到最大化，读者也可以快速找到更多所需信息。

第二，手机图书馆可以提供通知提醒服务。通知提醒服务是手机图书馆的基础服务。例如，当读者所借图书或读者证即将到期时，图书馆就可以通过手机提醒读者，读者也可以在个人信息界面上看到借阅信息、预约信息、系统推荐资源等。手机图书馆的通知提醒服务可以在一定程度上缓解读者的心理压力，读者不用再时刻惦记书籍的借阅状态，也无需担心书籍借阅过期或读者证过期等问题。

第三，手机图书馆可以提供新书推荐、信息发布服务。公共图书馆经常会有讲座等阅读推广活动，这些活动会在手机图书馆进行实时发布与更新；另外，新书推荐、书摘书评、新闻公告等信息也可以推送给用户。推送方式可以是软件信息、短信发送、微信公众号推送等，以便为读者提供更多、更快的信息服务，使读者可以第一时间了解图书馆馆藏书目与活动状态，大大拉近了图书馆与读者的距离，增强了互动性。

第四，手机图书馆可以提供参考咨询服务。通过手机 WAP 网站与定制应用软件，手机图书馆可以为读者和公共图书馆提供交流平台，促进读者对馆藏资源的利用与图书馆对读者需求的了解，同时可以建立知识累积库，通过数据分析与智能语义分析，为读者提供一定的自助化服务，这样可以在一定程度上简化公共图书馆的人工咨询与查找工作。

第五，手机图书馆可以提供个性化定制服务。手机图书馆融合了数字图书馆的资源与无线通信技术，在为读者提供个性化服务的同时，还能够大大提升服务效率，即根据读者的兴趣爱好与需求提供相应的服务，这也是公共图书馆信息服务向纵深发展的一种体现。当前，手机图书馆的个性化服务主要包括短信定制与信息资源查询定制。读者可以根据自己的需求或兴趣自行定制信息服务，公共图书馆可以根据读者的反馈为其提供个性化服务，满足不同读者的信息需求。

（三）手机图书馆服务优势

手机是现代人几乎不离身的工具，因此手机图书馆也具有比其他形式的数字图书馆更突出的优势。手机图书馆服务优势如图4-3所示。

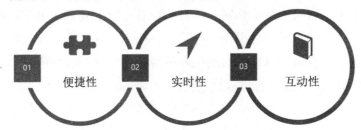

图4-3　手机图书馆服务优势

首先，手机图书馆可以帮助用户十分便捷地获取相关信息与服务。传统的有线网络服务的方式已经不能满足人们随时随地获取图书信息资源的需求，手机图书馆则不受时空限制与电脑终端设备的限制，用户不必一定要坐在电脑桌前，利用手机终端通过接收短信、登录网站、使用手机应用软件等途径，就可以随时随地接收文字、图片、视频、音频等信息。手机由于其便于携带的特点而成为了真正的"随身图书馆"与"移动图书馆"，只要用户拥有一部智能手机，就可以享受图书馆的多项服务，这极大地促进了阅读推广。

在手机图书馆的环境下，读者可以通过手机向公共图书馆馆员进行提问或寻求帮助，不必局限于电脑屏幕前，也不会受图书馆实体空间的影响，可以根据自己的需求随时随地享受各种形式的信息服务，这样，公共图书馆资源的利用率会得到大大提升。

其次，手机图书馆服务具有实时性特点。手机图书馆服务不会受到时间、地点的限制，可以随时随地为读者提供服务，使公共图书馆资源得到了最大化利用，因此手机图书馆也是读者的"随时图书馆"。线下的实体图书馆的资源服务是有时间限制的，在服务时间之外，读者将不会得到实体图书馆的任何服务，甚至数字化资源也会受到硬件水平、IP 地址等外部环境的影响，这就限制读者只能在特定时间、特定地点内才能获得相应服务。然而，手机图书馆的服务可以做到无处不在、无时不在，不仅可以帮助读者随时随地享受图书馆服务，还可以帮助用户充分利用碎片时间接收各种信息。可以说，手机图书馆极大地提高了公共图书馆的信息服务能力，使图书馆的服务时间、服务能力、服务范围、服务水平等都得到拓展和提升，满足了读者随时随地获取信息的需求，更进一步地实现了公共图书馆的价值。

最后，手机图书馆服务具有较高的互动性。借助手机，用户除了可以随时随地发送信息、接收信息之外，还可以享受图书查询、图书借阅、一对一咨询等服务，这些服务可以充分体现出手机图书馆的互动性。公共图书馆方也可以随时与读者进行交流互动，从而为读者提供更加全面、细致的服务。

此外，手机用户可以加入公共图书馆的移动信息服务系统，在线上阅读的过程中，可以使用做笔记、添加书签、写书评、划词翻译等功能，还可以参与读者聊天、在线讨论等。手机图书馆扩大了公共图书馆的影响力，加强了公共图书馆宣传的渗透力度。

三、手机图书馆未来发展策略

手机图书馆使公共图书馆服务更加便捷，读者可以随时随地通过手机享受到图书馆服务，而且手机图书馆的服务功能也在变得更加强大，极大地促进了全民阅读的深入。

随着移动通信技术的不断进步，手机图书馆的建设与服务也在飞速发展，特别是 5G 时代的来临，对公共图书馆馆藏信息资源的开发十分有利，同时可以帮助公共图书馆为用户提供更高质量的多媒体服务和量身定做的个性化服务，满足不同读者的阅读需求。手机图书馆的未来有广阔的发展前景，其发展要做好以下几点。手机图书馆发展策略如图 4-4 所示。

完善手机图书
馆服务内容

加强图书馆
信息资源整合

建立资源与服务
的共建共享平台

图 4-4　手机图书馆发展策略

（一）完善手机图书馆服务内容

目前，手机在公共图书馆领域的应用只是将成熟的移动通信技术应用到图书馆服务中来，将公共图书馆自动化系统的 WEB 模块功能从 PC 端转移到手机上，这就造成手机图书馆能够提供的服务内容不会太过深入，服务内容较为单一，多为单向的短信提醒、信息发布，或者只是停留在读者借阅、续借、资料查询等基础服务层面，能够提供数据库交互检索、咨询交流等服务的相对较少。

此外，一些公共图书馆并未将电子图书、期刊、专业数据库全文服务延伸到移动设备，也有一些图书馆虽然实现了文献信息资源的在线阅读和下载，但其提供的文献信息资源在数量、质量与范围上都还不能满足读者的需求。

读者对移动图书馆的需求是通过手机界面迅速便捷地获取阅读的多样化服务，因此，公共图书馆应该考虑更多的内容提供方式，与资源供应方达成深度合作，推出适合手机图书馆的特色服务项目与信息资源，最大限度地发挥手机图书馆的功能。

（二）加强图书馆信息资源整合

随着数字图书馆的建设与各种数据库的建设，信息资源越来越丰富，但是用户在检索之后看到的信息在呈现方式、数据格式等方面都存在区别，此外，不同图书馆的新媒体平台所提供的服务内容、服务形式、服务入口等都有一定差异，加之手机的操作系统各异、兼容性参差不齐等，读者往往需要重复检索、多次检索，才能得到理想的结果，这在一定程度上给用户造成了不便。

因此，公共图书馆要充分考虑读者获取信息服务的过程的实际情况，加强馆际信息整合与共建共享，建立标准化数据库，为用户提供统一的检索平台和信息服务体系，帮助读者对信息资源进行同步检索，进而方便快捷地查询所需资料。

（三）建立资源与服务的共建共享平台

要想解决目前手机图书馆在技术、经费、推广等方面的问题，建立优质的手机阅读平台，避免资源重复建设，不仅需要互联网的技术支持，还需要各图书馆之间的合作共享，以弥补单个图书馆在资源与服务方面的不足，同时使各手机图书馆取长补短，共同提升服务质量，为读者提供高质量的信息服务，从而提高公共图书馆的服务水平与公共服务价值。

例如，中国国家数字图书馆在新媒体服务资源的建设方面，重点开展了基于手机、数字电视、网络电视等新媒体服务的资源建设，拓展了国家图书馆服务阵地，开展了跨行业合作。中国国家数字图书馆在现有的资源成果基础上，加强了全国各级公共图书馆资源的合作共建与共享推广，在全国范围内形成了有效的数字资源保障体系，从而使公共图书馆的手机图书馆服务实现了最大化的资源共享。

第三节　数字电视应用于公共图书馆服务

新媒体背景下，数字电视图书馆已经成为公共图书馆服务创新的重要途径之一，同时也是我国数字图书馆资源建设的重要内容。公共图书馆在硬件设施、技术水平、资源整合等方面都取得了较大成就，并且带动了我国数字图书馆服务形式的全面创新，吸引了越来越多的图书馆加入到数字电视图书馆的建设中来。

一、数字电视图书馆

数字电视又称数位电视或数码电视，是指从演播室到发射、传输、接收的所有环节都使用数字电视信号，或对该系统所有的信号传播都是通过由 0、1 数字串所构成的二进制数字流来传播的电视类型。数字电视是一个从节目采集、节目制作、节目传输到用户端都以数字方式处理信号的端到端的系统。从 2013 年地面数字电视接收机普及以来，到 2020 年 7 月，我国地面数字电视覆盖网已全面建成。

数字电视图书馆是利用数字电视的交互功能，将数字电视与数字图书馆相结合，利用数字信息技术与数字电视的传播技术，以专业服务频道的形式为用户提供图书馆资源与服务，使观众在观看电视节目的同时就能享受到丰富多样的数字化图书馆服务。

当前公共图书馆的数字电视业务拓展，主要是通过互联网电视和交互式数字电视等业务形式进行的。通过网络将图书馆搬进了千家万户，借助数字电视这一载体，用户可以按需索取，随时随地阅读、观看图书馆提供的信息、资源等；使公共图书馆成为了"家庭图书馆"，用户通过荧屏就能免费享受图书馆提供的文献信息等服务。

数字电视图书馆先进的传输技术与丰富的馆藏资源相结合，可以充分利用电视网络资源，为用户提供查询、预约、看展、听讲座、接受远程教育、进行参考咨询与互动等服务，实现了公共图书馆功能的拓展与服务的延伸，为用户带来了不一样的阅读体验，最大限度地满足了人民群众的精神文化需求。

数字图书馆是到馆服务、互联网服务、手机服务之外的一种新型服务载体，是保障公共文化服务的公益性、基本性、均等性、便利性的有效举措，更是现代公共图书馆实现进一步发展的有力手段。

二、数字电视图书馆服务

（一）数字电视图书馆的服务特点

数字电视图书馆的服务特点如图 4-5 所示。

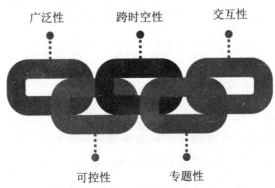

图 4-5　数字电视图书馆的服务特点

1. 广泛性

随着我国电视媒体的传播力的增强与有线电视数字用户量的增长，数字电视拥有越来越多的用户群，这就意味着数字电视图书馆在我国拥有数量巨大的潜在用户，其发展空间十分广阔。

数字电视图书馆可以通过音视频、文字图片等多种形式将公共图书馆馆藏资源呈现给用户。与电脑和手机相比，电视是更加大众化的平台，数字电视图书馆的推广无疑可以扩大数字文化服务的人群覆盖面。

数字电视用户可以随时享受到公共图书馆的服务，除了收看公益文化视频节目之外，还可以读书看报、浏览图文信息等资源，并且用户可以通过先进的交互技术体验数字电视图书馆的特色功能，享受到更加全面的图书馆服务。这样一来，公共图书馆就可以更好地融入用户生活，满足不同用户的阅读需求。

2. 跨时空性

数字电视图书馆的跨时空性是基于数字电视的回放功能或时移功能的。在收看电视节目的过程中，用户可以随时暂停、快进、后退，这样数字电视图书馆就可以突破传统媒体对时间、空间的依赖，摆脱传统图书馆的约束，为丰富大众的阅读生活提供新的途径，使读者足不出户就能够享受到图书馆的各种信息资源与数字电视图书馆带来的便捷服务，为社会发展与人民精神生活质量的提高提供知识与智力的保障。

3. 交互性

数字电视可以为用户提供视频点播这一交互性服务。在传统电视的时代，用户只能被动收看电视台播放的节目，但是数字电视可以给用户更大的自由度与更多的自主选择权，因此数字电视具备更强的交互能力，可以传用户之所需、播用户之所点，从而有效提高节目的参与性与互动性。

随着"三网融合"的不断推进，数字电视图书馆将成为新的交互式多媒体平台，用户不仅可以自由操控电视的各项智能功能，还可以收藏自己喜欢的栏目，对视频节目、书刊内容进行评论和分享等。目前，用户互动交流已成为信息传播的重要途径。

例如，《国图空间》就是国家图书馆与有线电视网络公司合作开通的世界上第一个图书馆的专业电视频道，该频道采用双向信息传输技术，增强了交

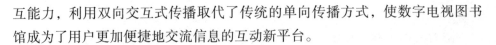

互能力，利用双向交互式传播取代了传统的单向传播方式，使数字电视图书馆成为了用户更加便捷地交流信息的互动新平台。

4. 可控性

相对于网络资源的良莠不齐，数字电视图书馆的内容具有一定的可控性，因为数字电视的内容是经过编辑、整理、审核之后才呈现给观众的，这些信息和内容健康安全、条理清晰、便于查找，在内容与形式上可以满足用户的多种需求。并且，有线电视网络可以有效预防黑客攻击与盗版侵权等网络不良行为，数字版权可以得到较好的保护，这就为数字出版提供了安全保障。

5. 专题性

数字电视图书馆以公共图书馆为庞大的信息资源基础，可以充分发挥图书馆的优势，开发多样化的资源，策划不同类型的选题，运用图书馆学、情报学、信息管理学等专业手段整合图书馆内外资源，对各个专题进行策划、加工、制作、展示，通过专业化的信息处理，突破了一般数字图书馆只是单纯将物理馆的内容移植到网络上的局限，打造了多元文化形态的综合性信息服务平台。

数字电视图书馆可以将特定信息定时或滚动发布给特定用户群体，提高了图书馆服务的针对性和有效性。

（二）数字电视图书馆的服务功能

公共图书馆通过数字电视平台走入了千家万户，不断开发具有图书馆特色的电视服务功能，可以帮助读者更加方便地查阅图书馆馆藏书目、办理图书馆续借手续、浏览图书和期刊等，还可以提供视频点播、参考咨询等服务，使读者享受到更加开放灵活、丰富多样的图书馆服务内容，从而提升图书馆的文化传播能力、丰富人民群众的文化生活。

数字电视图书馆的发展，进一步深化了公共图书馆的信息服务，提高了数字电视图书馆的服务质量。利用数字电视这个新平台，公共图书馆可以实现四个方面的服务。数字电视图书馆的服务功能如图4-6所示。

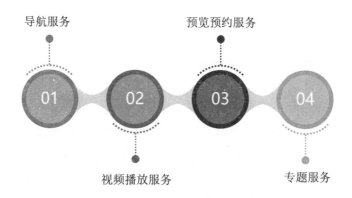

图 4-6　数字电视图书馆的服务功能

1. 导航服务

导航服务是数字电视图书馆的窗口服务，它利用数字电视对公共图书馆的基本情况进行图文并茂的介绍，如图书馆的历史沿革、馆藏情况、新书上架、各种活动的新闻公告等；根据馆藏特色，利用数字电视指导读者如何利用图书馆的资源，怎样进行文献、信息的检索查询等。

2. 视频播放服务

在数字电视图书馆系统中，视频播放服务可以让用户通过电视终端及时收看图书馆举行的各种专业讲座、学术报告以及各种用户培训、辅导讲座等视频影像，适时地为用户提供符合用户当下需求或用户感兴趣的视频节目播放服务。

另外，公共图书馆的馆藏光盘资源，可以统一以光盘塔的形式提供对外服务，为用户提供光盘点播服务，满足用户的学习需求。这样既可以避免光盘的损坏，也可以提高光盘的利用率。

3. 预览预约服务

随着数字电视图书馆的逐步发展与完善，用户不仅可以预览公共图书馆馆藏电子图书，还可以利用电视终端查看图书馆的馆藏书目与自己的借阅信息，进行自助式的图书预约和续借操作。

4. 专题服务

根据用户的信息需求，公共图书馆可以确定视频资源收集范围和专题内容，在对信息资源进行分类、整理的基础上，将视频资源制作成有针对性的、实用性较强的专题视频信息，并通过数字电视快捷地提供给用户。

三、数字电视图书馆发展方向

（一）制定规范，全面推广

随着数字电视与数字电视图书馆的发展，更多人开始认识到，利用现有的电视网络享受图书馆服务是一种十分经济高效的服务模式，我国多个公共图书馆已经开展了基于交互电视的数字信息服务，极大地促进了全民阅读的多元化发展，数字电视图书馆也成为了公共图书馆开展无边界图书馆服务的重要延伸领域。

数字电视图书馆的迅速发展，开创了以数字电视为媒介，以"家庭数字图书馆"为主体的服务模式，有效加速了数字图书馆服务新业态的形成。数字电视图书馆的未来发展离不开各公共图书馆的馆藏特色资源基础，会逐渐形成以资源共建共享为基础、以特色服务为主体的文化服务体系，将为我国公共数字文化水平的提升的提升做出贡献。

（二）发挥优势，开发功能

数字电视具有普及率高、操作简单、画面清晰、服务范围广、传输信号稳定、可交互操作、可满足个性化需求等优势，在家庭文化娱乐与文化传播方面具有巨大影响力与不可替代性。数字电视图书馆在继承这些优势的同时，还具有公共图书馆的资源优势，二者的结合必将实现阅读领域的重大突破。

数字电视图书馆的应用，将在很大程度上改变人们传统的阅读习惯。数字电视图书馆进入家家户户后，与虚拟图书馆服务相结合，在一个个家庭中建立起一座座图书馆，将数字资源与虚拟现实技术相结合，改变了人们被动接收、机械点播的现状，为读者提供了主动选择的方式，使读者可以享受到更具个性化、定制化的"全息服务"。

（三）三网互联，深度融合

电信网、广播电视网、互联网在向宽带通信网、数字电视网与新生代互联网演进的过程中，其技术功能逐渐一致，业务范围也逐渐相同，三网融合与网络的互联互通、资源的共建共享逐渐成为人们的共识。公共图书馆也要构建以三网融合为基础的数字电视图书馆建设框架，将网站平台、智能移动终端与数字电视平台相结合，做到资源与服务的全面整合，共同构筑公共图书馆的立体服务网络，为读者提供不受时空限制、不受访问工具限制的服务，提高公共图书馆的个性化服务水平。

　　读者可以通过网络、手机、电视这三种信息平台进入公共图书馆，三种平台也各有侧重：网络平台的用户定位是各层次的市民，主要为用户提供各种个人服务、馆内信息公示等，是集中体现公共图书馆的文献收藏、社会教育、信息传播等功能的综合性重要平台；电视平台的服务人群则以中老年读者与周末休息人群为主，提供图书查询、预约续借、活动信息预告、数字图书阅读等服务；手机平台则主要针对广大年轻人，在提供个人图书馆服务的同时，还提供众多期刊的在线阅读服务。这样，数字化的信息服务模式就突破了传统公共图书馆馆内服务的约束，使图书馆服务可以覆盖到更多人。

　　总之，手机图书馆、网络图书馆、数字电视图书馆等都是将新媒体技术应用于公共图书馆服务的有益探索。公共图书馆服务的本质就是各种信息服务，因此，新媒体技术、新媒体平台、新媒体思维等都对公共图书馆的信息服务有着巨大的推动作用。

第五章　新媒体背景下公共图书馆阅读推广服务

第一节　公共图书馆阅读推广活动

人类文明的传承与发展离不开阅读活动，阅读不仅可以提升个人素质，还可以提升民族凝聚力与国民创新能力，促进全社会良好文化氛围的形成。随着我国经济水平的不断提高，人民的精神文化需求也在不断增长，此时开展阅读推广活动对促进知识经济的发展与提高我国文化软实力有着十分重要的作用。

一、阅读推广与图书馆阅读推广

（一）阅读推广

1997 年，联合国教科文组织发起"全民阅读"活动，之后 Reading Promotion 一词就常出现于各种阅读活动与报告中，我国将其译为"阅读推广"。

张怀涛曾这样定义阅读推广："'阅读推广'顾名思义就是推广阅读；简言之就是社会组织或个人为促进人们阅读而开展的相关活动，也就是将有益于个人和社会的阅读活动推而广之；详言之就是社会组织或个人，为促进阅读这一人类独有的活动，采用相应的途径和方式，扩展阅读的作用范围，增强阅读的影响力度，使人们更有意愿、更有条件参与阅读的文化活动和事业。"①

王波在张怀涛定义的基础上，将"阅读推广"的定义表述为："阅读推广，就是为了推动人人阅读，以提高人类文化素质、提升各民族软实力、加快各国富强和民族振兴的进程为战略目标，而由各国的机构和个人开展的旨在培养民众的阅读兴趣、阅读习惯，提高民众的阅读质量、阅读能力、阅读效果的活动。"②

（二）图书馆阅读推广

在不断推进阅读推广活动的过程中，图书馆具有分布广泛、资源丰富、体系完善等优点，因此成为阅读推广的中坚力量。不过，图书馆在阅读推广活动中的作用与其他社会阅读推广活动有所不同，因此在图书馆领域一般会采用"图书馆阅读推广"一词。

于良芝等人指出，根据图书馆界从事阅读推广的经验，图书馆阅读推广主要指以培养一般阅读习惯或特定阅读兴趣为目标而开展的图书馆宣传推介或读者活动。"培养阅读习惯或兴趣"这一目标决定阅读推广试图影响的通常是休闲阅读行为，即与工作学习任务无关的阅读行为。不过这个定义并未获得广泛认同。比如，高校图书馆的阅读推广活动就不能局限于满足师生的休闲阅读，毕竟高校的主要任务为教学教研、文化传承与人才培养。同样地，公共图书馆肩负着为地方教学科研与创新创业服务的使命，上述定义显然不足以概括其功能。不过，于良芝等人也说过："凡是能够将读者的注意力从海量馆藏引导至小范围的、有吸引力的图书的推广方式，都有可能提高图书的流通量。"③

基于以上学者对图书馆阅读推广的研究，王波对"图书馆阅读推广"下了定义："图书馆阅读推广，是指图书馆经过精心创意、策划，将读者的注意力从海量馆藏引导到小范围的有吸引力的馆藏，以提高馆藏的流通量和利用率的活动。"④

---

① 张怀涛.阅读推广的概念与实施[J].河南图书馆学刊，2015，35(1)：2-5.

② 王波.图书馆时尚阅读推广[M].北京：朝华出版社，2015：2.

③ 于良芝，于斌斌.图书馆阅读推广：循证图书馆学(EBL)的典型领域[J].国家图书馆学刊，2014(6)：9-16.

④ 王波.图书馆时尚阅读推广[M].北京：朝华出版社，2015：6.

二、公共图书馆阅读推广活动的作用

全民阅读是我国为贯彻落实建设学习型社会的要求而提出的一项重要举措，是国家公共文化服务体系建设的重要组成部分。在促进全民阅读的过程中，虽然政府起着不可忽视的主导作用，但是图书馆特别是公共图书馆处于关键地位，发挥着重要作用。公共图书馆是我国深入推进全民阅读的核心阵地，具有公认的推动社会阅读的功能。《中华人民共和国公共图书馆法》明确指出："公共图书馆是社会主义公共文化服务体系的重要组成部分，应当将推动、引导、服务全民阅读作为重要任务。"

公共图书馆为全民阅读提供了实体的与虚拟的学术文化交流社区。公共图书馆承担着文化传播与教育的重要职责，是社会主义文化体系中不可或缺的重要组成部分。全民阅读是社会主义优秀文化与先进思想传承与传播的重要活动机制，也是提升民众文化素质的重要渠道，公共图书馆的职能与全民阅读活动的目的具有深度的一致性，所以，公共图书馆可以为全民阅读活动的进一步深化做出重要贡献。全民阅读活动的首要内容就是开展各种形式的文化活动与科普活动，从而激发民众的阅读兴趣，鼓励广大民众通过阅读提升自身素质。在这个过程中，公共图书馆的重要性不言而喻。

公共图书馆协同全民阅读活动，提升了民众的科学文化素养、丰富了民众的精神生活。在知识经济时代，大众拥有高涨的读书与学习的热情，社会的快速发展也使很多人想要通过学习知识来充实自己。以公共图书馆为核心，针对民众的知识、文化需求，构建全民阅读服务机制，可以有效调动民众阅读、学习的积极性，提升他们的科学文化素养。依托公共图书馆的馆藏资源，创新阅读服务与推广机制，切实发挥图书馆的文化功能，可以有效解决人民群众物质生活与精神生活发展不平衡的问题，全面推进社会主义文化事业的发展，提高人民整体素质。

公共图书馆促进了全民阅读智能体系的优化。作为传播优秀文化与先进思想的重要阵地，公共图书馆肩负着重要的文化教育责任，只有充分发挥自己的职能，吸引更多民众参与到阅读活动中来，满足群众的精神文化需求，才能在全社会范围内形成阅读的"热潮"，才能从整体上提升人民的科学文化素养与综合素质。全民阅读是我国文化发展的重要战略举措，公共图书馆作为社会文化服务机构，在发挥自身阅读服务功能的基础上，应主动积累有益经验，促进全民阅读智能体系的进一步优化。

公共图书馆创新了全民阅读推广的管理模式。在如今的新媒体背景下，公共图书馆的服务职能由单一的书刊借阅扩展到了各种形式的信息服务与知识服务，公共图书馆在全民阅读服务过程中，可以根据大众的阅读需求创新服务机制与管理模式，进而优化职能体系。

公共图书馆可以推动全民阅读的普及，扩展服务范围。在信息时代，各种智能移动设备的普及使图书馆的知识服务职能被严重弱化，人们习惯了用手机随时随地看短视频、进行社交活动等，通过这些方式获取信息，而真正走进图书馆阅读学习的人日益减少。全民阅读活动的开展是今天知识文化普及的一种创新方式，有助于发挥公共图书馆的知识传播、文化普及与社会教育功能；全民阅读活动形成的社会文化氛围，也有助于图书馆提高知名度、吸引用户、拓展服务范围。

公共图书馆可以推动全民阅读的良性发展，提高公共阅读资源的利用率。公共图书馆拥有十分丰富的馆藏资源，它们是人类宝贵的文化成果，在推动全民阅读活动中，公共图书馆可以引导读者对这些资源进行有效、充分的利用。读者通过学习优秀文化，在提升自己素质的同时，还可以带动其他人共同学习，进而推动全民阅读的良性发展，使公共阅读资源发挥出更高的价值与效益。

总之，公共图书馆为全民阅读推广发挥了不可替代的主要作用，使全民阅读活动更具实用性和创造性，扩大了图书馆的服务范围，使大众可以享受到更加全面、细致的图书馆服务，使全民阅读活动更加人性化与个性化，构建了线上线下优势互补的服务机制，为全民阅读活动的开展以及保持活动的可持续性和连贯性提供了有益经验。

三、公共图书馆阅读推广活动的要求

公共图书馆阅读推广活动是促进全民阅读的重要方式之一，必然要与全民阅读的基本理念与发展动向相一致。从当前全民阅读活动的发展态势来看，实现多元化发展业已成为全面阅读对公共图书馆阅读推广活动的基本要求。公共图书馆阅读推广活动的要求如图 5-1 所示。

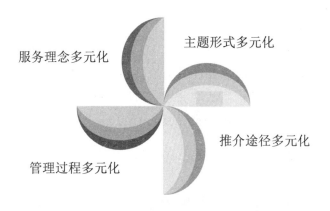

图 5-1　公共图书馆阅读推广活动的要求

第一，服务理念多元化。社会大众的阅读需求日益广泛，对阅读质量的要求也逐渐提高，要想满足大众的阅读需求，就要充分发挥公共图书馆阅读推广活动的作用，并推动活动模式的多元化发展。此外，公共图书馆的服务理念也要朝着多元化方向发展，要坚持以读者为中心，提供均等化服务，使所有读者都可以享受到同等程度的阅读服务；要强化服务理念，努力践行服务创新，为读者提供多元化的服务；要树立主动服务的服务理念，及时了解读者需求，体现图书馆服务的主动性与积极性。

第二，主题形式多元化。一些公共图书馆借助全民阅读推广活动，积极推出各种阅读活动，产生了良好的社会反响，这类活动往往具有一个富有吸引力的主题，并且主题的表现形式也符合大众的喜好。如果主题能够与当下的热点问题或话题相结合，活动便可以取得更好的效果。例如，一些图书馆举办的优秀读物排行、阅读有奖知识竞赛、经典读物话剧展播等活动，这些多元化的主题形式，可以引领大众的阅读方向、开阔大众的阅读视野，还可以有效提升社会的整体文化水平，在全社会形成阅读的风气，有利于阅读推广活动的不断发展。

第三，推介途径多元化。互联网技术的发展与新媒体终端的普及，都为图书馆开展阅读推广活动提供了高效便捷的平台，各种新媒体技术都可以应用于阅读推广活动。此外，移动阅读的迅速发展也促使很多图书馆研发了自己的手机应用软件，并以此作为阅读推广的重要路径。这些手机应用软件可以围绕阅读推广活动的不同主题，将阅读内容以文字、音频、视频、图片等形式呈现给读者，并且可以与用户进行互动，这些功能受到广大年轻读者的青睐，也使阅读推广活动更具时代特色。

第四，管理过程多元化。公共图书馆在阅读推广活动中的力量十分有限，以往的经验证明，成功的阅读推广活动是离不开相关政府部门与社会组织的帮助的。公共图书馆阅读推广活动要想获得广泛的社会影响力，就要充分调动社会各界的力量，实现组织管理的协调一致。

第二节　公共图书馆阅读推广服务内容

公共图书馆在阅读推广活动中具有举足轻重的作用，只有充分发挥公共图书馆的馆藏资源优势，积极与现代新媒体技术相结合，公共图书馆才能更好地发挥作用。在当前的新媒体背景下，公共图书馆阅读推广工作的外在环境发生了变化，因此其服务内容也要做到与时俱进。

一、公共图书馆实现阅读推广的基本条件

公共图书馆是阅读推广的主要阵地，不过公共图书馆的力量毕竟有限，其要想实现阅读推广需要多方的协助合作并得到相关部门的保障。公共图书馆实现阅读推广的基本条件如图 5-2 所示。

图 5-2　公共图书馆实现阅读推广的基本条件

首先，阅读立法是阅读推广的法律保障。2018 年起，《中华人民共和国公共图书馆法》正式实施，目前来看，公共图书馆的立法工作已经取得了阶段性的成果。阅读立法一方面可以明确公共图书馆的职责，为公共图书馆的发展指明方向；另一方面可以引导全民阅读，促进全社会阅读风气的形成。

因此，在阅读推广活动中，我国要积极推动阅读立法，为阅读推广提供法律保障，与国际阅读推广管理接轨，提高人民的生活质量与国家竞争力，提升我国的文化软实力。

其次，数据支持是阅读推广的资源保障。在今天的信息社会中，任何活动都离不开数据支持，阅读推广也不例外。阅读推广机构需要提前获得用户授权的相关数据，并对这些数据进行整理与分析，从而更加精准地定位阅读推广活动的目标范围。在新媒体背景下，公共图书馆业务的运行也需要大量数据来驱动，包括用户行为数据、馆员数据、馆藏文献数据等，有了大量数据的支撑，公共图书馆才可以开展各项服务软件的推广，实现针对不同读者的个性化服务。

再次，机制创新是阅读推广的体制保障。阅读推广工作的机制创新是阅读推广向着专业化方向发展的重要保障，也是阅读推广可持续发展的现实需求。另外，要尤其重视欠发达地区公众的阅读需求以及公共图书馆开展阅读推广工作的实际困难，要切实发挥理论对实践的指导作用与应用价值，从而使阅读推广工作有章可循，沿着正确且明确的方向不断前进。

最后，素养提升是阅读推广的动力保障。要想真正实现阅读推广，就要通过提升素养来推动。黄丹俞指出，阅读推广可以借鉴经典阅读、主题书展等活动来提升公民素养，而公民素养提升反过来又可以促进公共图书馆阅读推广活动的进行，二者相互影响，不可分割①。

阅读推广的直接目的是促进大众阅读、提升大众的阅读体验，本质目的是提升人们的阅读素养。公共图书馆在阅读推广的基础理论建设阶段，要按照阅读素养的培养要求，设定适当的阅读推广目标，参照阅读素养指标体系与模型进行阅读推广的策划、组织与评估。

二、公共图书馆阅读推广的主要服务模式

从全面阅读活动的发展来看，公共图书馆依托馆藏资源、人才、技术优势，逐步形成了几种服务模式。虽然这些服务模式的服务对象、服务形式、服务目标等存在不同，但根本目的都是推广全民阅读活动、提升民众的科学文化素质。公共图书馆阅读推广的主要服务模式如图 5-3 所示。

---

① 黄丹俞．图书馆阅读推广中的素养认知与提升 [J]．图书馆理论与实践，2016(5): 8-12，17．

图书借阅服务 ｜ 社区文化活动 ｜ 科普知识展览

图 5-3 公共图书馆阅读推广的主要服务模式

公共图书馆最基本的服务模式是图书借阅服务，这也是公共图书馆信息服务与知识服务的前提和支撑，决定了公共图书馆的存在形态与基本职能。在全民阅读的推进过程中，公共图书馆的基本职能依然是图书借阅服务，并且要以此为中心为广大读者提供高质量的阅读体验。公共图书馆作为社会知识库与信息数据中心受到了各个领域的关注，各行各业都在积极、充分地利用图书馆的服务。在此背景下，公共图书馆应坚持为广大读者服务的核心宗旨，要面向广大群众，全面开展阅读推广活动，最终形成个性化、专业化的服务模式，引导群众养成良好的阅读习惯，增强民众的知识竞争力。

社区文化活动是公共图书馆接近大众的服务模式，也是拉近公共图书馆与民众关系的有效手段。随着全民阅读的推进，公共图书馆的服务功能也从单一的图书借阅服务转为全面面向大众的社会文化服务。在新的发展时期，公共图书馆要主动将服务进行延伸与拓展，力求使广大民众都可以享受到图书馆的服务，认识到阅读的重要性，以推进全民阅读活动的开展。公共图书馆可以通过与社区建立合作关系，建立双方的文化联系，如在社区举办各种形式的阅读活动、文化活动等；这样既可以使民众对图书馆更加了解，还可以丰富民众的文化生活，激发民众的阅读兴趣，帮助民众树立正确的阅读理念，从而进行自主自觉的阅读学习。

此外，很多公共图书馆会举办科普知识展览活动，这也是促进全民阅读的重要举措之一，对文化传播、培养民众阅读兴趣有着十分重要的作用。在全民阅读活动中，公共图书馆可以将具有文化表现力与阅读引导作用的科学案例、科学设备等作为宣传媒介，引导公众参观展览、动手操作，使每个人都可以感受到科学的魅力，同时引导并鼓励公众树立科学阅读的理念，努力提升自己的科学文化素养。

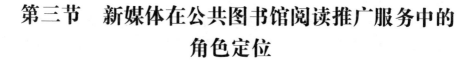

第三节 新媒体在公共图书馆阅读推广服务中的角色定位

文化的发展需要借力科技发展，公共图书馆的阅读推广活动自然不例外。阅读推广如果能够与新媒体技术有机结合，会使阅读推广活动的覆盖范围更广、活动影响更深远。可以说，新媒体目前在阅读推广活动中扮演着十分重要的角色。

一、新媒体在公共图书馆阅读推广服务中的应用现状

公共图书馆在阅读推广活动中可以激发读者的阅读兴趣，培养读者良好的阅读习惯，全面提升我国人民的科学文化水平。然而，现代社会集信息化、知识化、科技化与学习化于一体，手机、平板电脑等电子设备已经广泛应用到了人们的生活中，电子阅读、有声读物等阅读方式使人们的阅读更加便利，新媒体在阅读推广中发挥着越来越重要的作用。

在这样的背景下，公共图书馆为了满足用户的文献借阅、信息查找等知识需求，开始向多个领域进行职能拓展，依托互联网技术、移动终端、数字图书馆等，实现全天候、全地域的文献获取与信息查询功能，以求实现全民知识共享，提高民众的科学文化素质。随着公共图书馆职能的转变，在图书借阅、信息查询、文献检索等服务的基础上，公共图书馆的新职能主要围绕知识共享、社区科学文化普及、公众文化教育、全民阅读展开。

根据中国新闻出版研究院发布的第十九次全国国民阅读调查结果，数字化阅读方式（包括网络在线阅读、手机阅读、电子阅读器阅读等）的接触率在 2021 年达到 79.6%，比上一年增长 0.2 个百分点；此外，我国有三成以上成年人有听书的习惯。这些都表明新媒体对国民阅读产生了越来越深刻的影响，并且根据近几年的阅读调查，新媒体会持续影响我国大众的阅读行为。

（一）新媒体在阅读推广中的应用现状

随着新媒体的流行，大众的阅读需求、阅读喜好、阅读行为等都产生了较大的变化，传统的单一纸质阅读与阅读推广模式越来越不能满足现代读者的阅读需求，因此，图书馆要努力寻找更加合适的平台、技术与策略，以提升阅读推广的效果，促进阅读推广的良性发展。

今天的各种新媒体平台如微博、微信等应用软件，已经成为人们主要的信息获取方式，公共图书馆利用第三方的移动互联平台和开发专属应用软件等方式，正在逐步改变人们的阅读方式。

1. 微博平台

微博作为一个分享简短实时信息的广播式的信息交流平台，具有开放性、时效性、交互性等显著特征，是公共图书馆开展社会化阅读推广服务的有效媒介，实现了图书馆与用户、用户与用户之间的双向平等交流[1]。微博是许多公共图书馆开展新媒体服务的第一步，在图书馆的信息发布、资源推广、服务营销、用户交流、危机公关等方面发挥着重要作用。而且微博平台的使用、维护成本较低，信息获取方便，可以快速转发与评论，具有鲜明的开放性，可以为阅读推广发声助力。微博上经常出现图书馆和大众阅读等相关的热点话题，常常引发全社会对图书馆价值的关注与探讨。

2. 微信平台

微信是目前国内手机等移动终端上最为流行的即时通信平台之一，我国微信月活跃账户数量已经突破十亿，因此，微信的公众平台是公共图书馆阅读推广服务的最佳流量入口之一。公共图书馆可以根据实际情况与大众阅读需求，注册微信服务号、微信订阅号等，开展移动端的阅读推广服务。微信公众平台除了具有信息的推送功能之外，还具有强大的社交功能，各种菜单和小程序可以为读者提供不同的服务。

以山东省图书馆微信公众号为例，其为读者提供了"微服务""微阅读""微资讯"三项快捷服务，其中"微服务"为读者提供入馆预约图书检索、参考咨询、电子书刊预览等服务，"微阅读"为读者提供电子书阅览、听书、朗读、专栏学习等服务，"微资讯"为读者提供近期的活动讯息，这些都可以

---

① 谭荣玲.网络新媒体环境下公共图书馆社会化阅读推广服务模式研究[J].河南图书馆学刊，2016，36(11)：11-12，17.

帮助读者随时随地享受到图书馆的多项服务。

3. 图书馆 APP

APP 即可以在移动终端上运行和使用的应用软件，可以为用户提供点对点、点对面的服务。APP 具有全面、便捷、自由等优势，在语音服务、位置服务、数据服务等智能应用方面具有突出的作用，可以很好地提升用户的服务体验与使用体验。我国的图书馆 APP 多在 2010 年之后陆续开通，旨在为读者提供更加专业化、个性化的服务。

以"国家数字图书馆"APP 为例，该 APP 为读者提供了电子图书阅览、有声读物、公开课、图书馆信息发布等服务，而且读者可以将自己所需的读物（包括图书、期刊、视频、学术文献等）加入书架，以便随时查看。

4."城市服务"平台

城市服务是微信、支付宝相继推出的服务平台，该平台整合了各种政务与公共事业单位原本比较分散的服务资源和服务渠道，为用户提供了统一的"城市便民服务"入口。与专门的移动图书馆 APP 相比，微信和支付宝具有十分庞大的基础用户数量，公共图书馆可以借助微信与支付宝的支持，自行接入城市服务平台。例如，深圳图书馆、上海图书馆、浙江图书馆等都在微信或者支付宝平台推出了对应的城市服务项目，并且取得了良好的服务效果。

综上所述，我国公共图书馆的新媒体平台集中在微博、微信等主流媒体上，受众范围较广，阅读推广效果也比较显著。例如，一些需要报名参加的活动，通过微博与微信平台发布之后，名额很快就可以报满。但是，移动图书馆 APP 的发展也存在较大挑战，首先是 APP 的开发、运营与维护都有着较高的技术要求与成本需求，其次是用户基础的缺失导致 APP 的下载总量不足，而且很多读者出于手机运行、手机内存等方面的考量，并不倾向于下载专门的应用软件。目前公共图书馆对城市服务平台的利用还处于初级阶段，这与图书馆的自身条件和互联网的发展情况都有关系，有条件的公共图书馆可以多尝试不同路径的新媒体服务。

（二）公共图书馆阅读推广服务中新媒体的角色定位

随着新媒体的不断发展，现代社会中各项产业的发展基本都倾向于利用新媒体打开用户通道，公共图书馆也要抓住新媒体这一契机，积极利用各种新媒体技术，做好阅读推广工作。公共图书馆阅读推广服务中新媒体的角色定位是"流量来源""内容制造""传播者"。

首先，新媒体是公共图书馆阅读推广服务的"流量来源"。移动终端的普及，使各新媒体平台都拥有庞大的基础用户数量，一些平台还拥有较多实名制用户，这就为阅读推广提供了先天的渠道优势。传统的阅读推广活动主要以各种线下渠道吸引读者，但是这种方法能够覆盖到的读者数量是十分有限的，而利用新媒体平台可以在很短时间内就覆盖到数量庞大的用户群。只有更多人意识到阅读的重要性，才能真正做到阅读推广，进而促进全民阅读。

其次，新媒体用户是公共图书馆阅读推广服务的"内容制造者"。现代读者阅读的内容不再局限于图书、报刊等，很多新媒体用户所生产的内容也是读者阅读的对象，这些内容会通过新媒体的传播呈现给每一个用户。时事热点、大众焦点、观点讨论等内容是传统图书馆不能及时提供的，但是通过新媒体平台，这些内容可以以文字、图片、视频等形式出现，供用户"阅读"，这种"阅读"也应该成为阅读推广的工作内容之一。当然，新媒体的内容制造十分迅速，新的内容会很快取代旧的内容，这就要求新媒体读者要对自己所需的信息有准确的把握，进行有选择性的阅读。同时，新媒体用户也要注意自己生产的内容的质量。

最后，新媒体是公共图书馆阅读推广服务的"广泛传播者"。新媒体可以将图书馆的各种活动信息、文献信息等传播给每一位用户，每个新媒体用户都是这些信息的传播者，这样就构建起了庞大的传播网络。通过新媒体可以将信息传递到世界的各个角落，使图书馆阅读服务覆盖到更多人群，特别是对那些由于个人原因或所处环境等原因不方便到馆的人群而言，新媒体是他们满足自己阅读需求的主要途径。新媒体的广泛传播优势，使阅读推广活动得到了空前的发展。

总之，新媒体是公共图书馆阅读推广服务的有力促进者与引领者，通过线上与线下的联动，公共图书馆阅读推广服务可以取得更好的社会效益，使更多人认识到阅读的重要性并参与到阅读推广活动中来。新媒体不仅可以为公共图书馆阅读推广服务提供宣传途径，吸引更多人关注阅读，还可以成为内容的生产方，丰富大众的阅读生活。

第四节   新媒体背景下公共图书馆阅读推广服务创新路径

一、新媒体背景下公共图书馆阅读推广服务发展趋势

当前，科学技术飞速发展，人们的阅读方式也发生了一定变化，特别是在新媒体背景下，大众阅读行为发生了深刻变革。在此背景下，公共图书馆要强化阅读理念的推广，不断创新阅读服务模式，满足广大读者的阅读需求。新媒体背景下公共图书馆阅读推广发展趋势如图 5-4 所示。

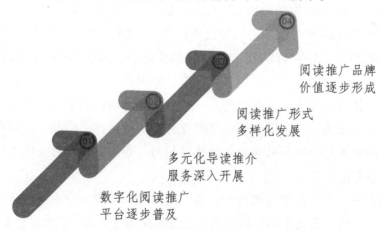

阅读推广品牌
价值逐步形成

阅读推广形式
多样化发展

多元化导读推介
服务深入开展

数字化阅读推广
平台逐步普及

图 5-4   新媒体背景下公共图书馆阅读推广发展趋势

第一，数字化阅读推广平台逐步普及。公共图书馆数字化技术的发展，使智能化、数字化的服务技术在公共图书馆中有了更深层的应用，也为公共图书馆的数字化阅读推广活动提供了硬件支持。一方面，数字化阅读推广更加快捷，拉近了读者与图书馆之间的距离，使阅读推广活动可以覆盖到更多

人。另一方面，数字化阅读推广的普及也促进了公共图书馆服务形式与服务内容的变革，公共图书馆开始利用数字化阅读推广平台展开新兴业务，从而大大提升了公共图书馆的服务效率。当前，我国公共图书馆的阅读推广活动与数字化阅读平台的联系日益紧密，并且积累了丰富的实践经验，很多公共图书馆都可以通过各种新媒体途径实现数字化阅读推广，为广大用户提供多种优质服务。

第二，多元化导读推介服务深入开展。大量实践证明，利用导读推介的方法可以很好地推动阅读推广，引导读者进行阅读活动。公共图书馆要在对已有馆藏资源进行统计整理的基础上，进一步对不同文献的位置、目录、书评、阅读量等信息进行公示与引导，帮助读者更快地查找资料、阅读文献，提高图书馆信息服务的效率。例如，公共图书馆可以为读者发放纸质版或电子版的简报，详细介绍本馆的馆藏资源、资源更新、图书推介等信息，引导读者主动参与到阅读推广活动中来。此外，公共图书馆还可以引导读者建言献策，让读者参与到图书馆的管理建设中来。

第三，阅读推广形式多样化发展。各级公共图书馆已经意识到要以当地群众的普遍化与个性化阅读需求为工作出发点，基于此，各图书馆举办的阅读推广活动形式也越来越丰富，如公益性讲座、阅读沙龙、阅读知识竞赛、经典阅读推荐等。这些阅读推广活动都有效促进了不同阶层的群众获取知识、提高文化水平，并且通过引导更多读者走进图书馆，利用馆藏资源，有效提高了社会整体文化水平。除此之外，一些公共图书馆还创造性地开展了阅读猜谜会、旧书交换、亲子阅读等广受群众喜爱的阅读推广活动，既提高了当地群众的阅读兴趣，又有效吸引了其他部门与行业的关注，对全民阅读活动的推广十分有益。

第四，阅读推广品牌价值逐步形成。阅读推广品牌一旦形成，便可以产生群体效应，从而有效帮助公共图书馆进行阅读推广活动、扩大社会影响力。同时，品牌价值也是阅读推广活动可持续进行的前提与基础。目前，一些大中型公共图书馆的阅读推广活动已经初步具备了品牌价值，如国家图书馆主办的"世界读书日"活动、深圳图书馆主办的"深圳读书月"活动、上海图书馆主办的"书香上海"活动以及南京图书馆主办的"南图讲座"活动等。

二、新媒体背景下公共图书馆阅读推广服务创新路径分析

（一）建立专门的新媒体阅读推广队伍

当前，智能手机的普及使人们在手机阅读上花费的时间越来越多，但是阅读的质量与效果并没有随之增加，因为人们在手机上的阅读往往是较碎片化的浅阅读，很少有人利用新媒体平台进行深度阅读。造成这种现象的原因之一是公共图书馆缺乏专业的新媒体阅读推广队伍，新媒体阅读推广内容无人制作，新媒体阅读推广渠道无人打通，新媒体阅读推广的功效没有得到更大程度的发挥。因此，公共图书馆亟需建立一支专门负责利用新媒体平台进行阅读推广的队伍。

首先，公共图书馆要重视新媒体阅读推广队伍的建设。新媒体背景下，要想胜任新媒体阅读推广工作，除了具备热爱阅读、工作认真等品质外，还要对新媒体运营、大众阅读潮流等进行深入研究，要擅长制作有针对性的新媒体内容。阅读推广工作如果还依照传统的标准与流程进行，往往难以取得好的结果。

新媒体阅读推广队伍的建设要从人员的筛选、培训、考核等多方面入手，强化队伍建设。一是要有意识地聘用新媒体专业相关的人员，以解决活动中的运营问题与技术问题；二是要对现有的工作人员进行新媒体知识的培训，增强他们的新媒体意识，帮助他们熟悉新媒体阅读推广的规律；三是要对新媒体阅读推广工作人员进行考核，提升他们的学习能力。新媒体是一个不断发展着的概念，新媒体阅读也是不断发展的，因此，新媒体阅读推广工作人员也要不断学习提升自己。

其次，新媒体阅读推广人员要成为新媒体阅读的践行者。相关工作人员也要使用新媒体进行阅读，以切身体会新媒体读者的感受，把握新媒体用户的阅读需求，发现新媒体阅读的优势与不足，取长补短，促进新媒体阅读的推广。

（二）利用新媒体转变阅读理念

在新媒体时代，人们的阅读观念也在发生变化，公共图书馆在进行新媒体阅读推广的过程中要注重对读者的阅读需求进行分析。当前，人们可以通过各种途径接触到空前丰富的阅读资源，获得轻松的阅读体验，同时，人们的阅读也开始带有越来越浓的功利色彩，这就导致很多人无法享受到阅读的乐趣，也无法感受到阅读的魅力。

基于此，新媒体阅读推广在适应时代发展的同时，也要肩负起引领阅读潮流、改变阅读理念、培养阅读习惯的责任，以吸引更多读者进行主动的、非功利的阅读活动。

首先，要充分利用各种新媒体阅读平台，制作并发布可以吸引读者的阅读内容。虽然新媒体为人们提供了便捷高效的阅读服务，但是新媒体推送的阅读内容大都内容简单、篇幅较短，并不利于人们进行思考，而且长此以往会使人习惯这种阅读方式，这对人们的自我提升是十分不利的。因此，新媒体阅读推广活动不仅要吸引用户阅读，还要让公众明白应该如何进行阅读，更要让他们明白即使在生活节奏飞快的今天，"好读书，读好书"也是必不可少的一部分。

其次，要充分利用新媒体阅读的不同形式。与传统纸质阅读形式不同的是，新媒体阅读的形式多种多样，可以阅读文字，也可以观看影像资料，近年来有声读物也十分盛行。新媒体使人们对阅读有了不同的看法，这些多种形式的阅读，可以使人们感受到不同的阅读体验。以有声读物为例，有声读物消解了传统阅读方式的必要前提，使一些残障人士、文化程度较低的人群也可以进行"阅读"；此外，"有声阅读"还可以与其他活动同时进行，可以提高人们的阅读效率，对推进全民阅读具有重大意义。

（三）发挥新媒体阅读影响力

一方面，运用新媒体开展阅读推广活动要注重与传统文化相结合。新媒体的出现为公共图书馆阅读推广服务提供了更加多样化、现代化的途径，但是新媒体的阅读推广方式也要注重与传统推广方式相结合。例如，在阅读推广活动中，可以将传统媒体与新媒体相结合同时进行宣传，以覆盖更广的宣传范围，增强对读者的吸引力。

此外，新媒体也不能一味求新求异，还要注重对传统文化的宣传推广。通过新媒体平台，可以让更多人了解对人类产生过深远影响的典籍，从而激发读者的阅读兴趣。将新媒体阅读推广与传统文化传播相结合，可以充分发挥新媒体的优势，使更多人了解优秀传统文化，进而促进新媒体阅读的推广。

另一方面，应用新媒体开展阅读推广活动要注意结合时代热点问题。公共图书馆结合新媒体技术开展阅读推广活动，要掌握读者的心理特点，根据他们的需求进行阅读推广，同时公共图书馆也要注重引领读者的阅读思考方向。公众往往对时事热点问题十分关注，公共图书馆可以抓住人们这一普遍需求，吸引公众的注意力，从而提高新媒体阅读推广的影响力。

　　另外，公共图书馆还要努力发掘自己的长处，要结合馆藏特色、地域特色等，走适合自己的新媒体阅读推广之路。对图书馆的各项资源进行整合，可以有效帮助公共图书馆更好地传播信息资源，在全社会范围内营造良好的阅读氛围。

　　在今天的新媒体背景下，几乎各行各业都离不开新媒体的参与，因此公共图书馆的读者服务工作也要积极应用新媒体技术，了解大众的阅读需求、阅读习惯，在利用各种新媒体平台进行阅读推广的同时，也要主动探索各种新媒体技术以求应用于阅读推广服务中。

第六章　新媒体背景下公共图书馆信息服务

第一节　公共图书馆信息服务

当前，信息获取是大众生活、工作必不可少的一环，也是社会发展的重要推动力之一。公共图书馆的服务内容主要是为读者提供信息服务，公共图书馆提供的图书、报刊等资料都承载了特定的信息，因此，对公共图书馆服务的研究，离不开对信息服务的研究。

一、信息服务概述

（一）信息服务的概念

信息服务的概念可以从广义与狭义两个层面来解释：广义上的信息服务指向用户提供信息的各种服务与产品，包括信息的收集、信息的整理、信息的储存、信息的传递、信息技术服务等；狭义上的信息服务即向用户提供信息的服务，专指一些专职的信息服务机构为特定用户提供信息产品的服务。

与其他服务活动相比，信息服务是一种更具社会性的服务。在当代社会，不论经济建设、文化教育、工农生产，还是社会管理、商业发展，每个领域与行业的发展都离不开信息的发布、传递、收集、整理与利用。每个领域都需要信息服务，相应地，信息服务可以为各行各业的发展提供信息保障，促进其业务活动的顺利开展。换言之，今天的社会发展已经离不开信息服务。

我们生活的各个领域都存在着各种各样的信息，信息是人类社会赖以生存与发展的重要资源之一。随着社会分工的逐渐细化与科技的飞速发展，人们在生产生活中的信息联系日益广泛，不同层次、不同领域之间的信息交流越来越复杂，社会成员对信息的需求已经远远超出了自己的信息获取能力，于是出现了各种专门的信息服务机构，这些机构提供的信息服务已经成为各行各业赖以生存与发展的重要基础条件。

（二）信息服务的性质

信息与信息用户的关系是信息服务活动得以开展的基础，因此，在对信息服务的性质进行研究之前，需要分析信息与信息用户之间的关系问题。

第一，信息因信息用户的使用而有价值，信息用户在各项社会活动中都离不开信息。信息与信息用户是相互依存的关系。

第二，信息用户在利用信息的过程中，会根据自己的社会活动的需求对信息进行筛选与加工，以使信息活动与信息用户主体活动相适应。

第三，信息的价值是信息用户在利用信息的过程中产生的，并且在信息利用过程中产生了信息价值的评定。

第四，根据信息与信息用户的关联作用，信息用户会对接收到的并且存储在大脑中的信息进行二次加工，再重新将信息表达出来。

第五，信息用户在获取、利用信息的同时，也在不同程度地传播信息。因此，信息传播的主要方式之一就是用户与用户之间的信息传递。

第六，任何信息用户在吸收某一信息的同时，都会创造出与之相关的新信息。信息只有通过信息用户的吸收与创造才具有新的生命。

通过以上对信息与信息用户之间关系的分析可知，信息服务的性质与基本内容是由社会需求决定的。信息服务的出发点必须是社会现实，这样才能充分发挥信息的社会作用和沟通信息用户的信息联系作用，才能有效组织信息用户的信息活动。

信息服务在社会活动中的性质如表 6-1 所示。

表6-1　信息服务在社会活动中的性质

性质	说明
社会性	人类社会中处处存在信息，人们主动或被动地产生、传递、利用信息，信息服务的价值也必须通过社会实践进行检验和衡量
知识性	信息服务是一种知识密集型服务，不仅要求信息服务者具有较高的综合知识素质，还要求信息用户具有一定的知识储备。只有信息用户的知识储备与信息相匹配，信息服务才能发挥作用
关联性	信息、信息用户与信息服务之间紧密联系，三者共同决定了信息服务的方式与工作模式，同时三者的联系也是组织整个信息服务活动的基本依据
时效性	信息服务具有很强的时效性，信息只有在需要的时候发挥作用才是有效信息，否则就是无效信息
特指性	信息服务是针对特定用户与用户信息活动提供的服务，在服务过程中，信息必须进行定向组织与传播，用户也必须定向获取和利用信息
伴随性	信息服务的进行伴随着信息用户主体活动的展开，并随时根据信息用户主体活动的需要进行适时调整，以帮助用户达到活动的目标
共用性	相对于特定信息用户的信息服务而言，公共信息服务也属于信息服务，它可以同时为多个个体信息用户或群体信息用户提供服务，即发挥信息共享共用的功能
受控性	信息服务活动的开展必须符合国家政策规定与社会道德准则，要确保国家和公众的利益不受侵害
增值性	信息服务的增值性与信息的增值性有关。信息虽然具有确定性价值，但是在不同的场合，针对不同用户会有不同的意义，这就会造成信息增值，信息服务也是如此

（三）信息服务的内容

信息服务是信息机构以信息为内容，按照一定方式将信息提供给信息用户的过程，这一服务过程可以协调信息用户的信息利用活动，促进信息用户与信息资源发生交互作用。从信息用户与社会信息源和信息流的综合利用视角分析，社会化信息服务的内容主要有四个方面。社会化信息服务的内容如图 6-1 所示。

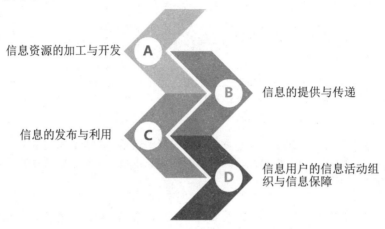

信息资源的加工与开发 **A**

B 信息的提供与传递

信息的发布与利用 **C**

D 信息用户的信息活动组织与信息保障

图 6-1　社会化信息服务的内容

第一，社会化信息服务包括信息资源的加工与开发。所有的信息都是有价值的，关键在于如何对其进行开发并提供给有需要的用户。

第二，社会化信息服务包括信息的提供与传递。所有信息都是需要交流与传递的，只有在不断交流传递的过程中，信息的价值才能得到充分彰显。

第三，社会化信息服务包括信息的发布与利用。信息产生之后，需要及时发布和宣传，使信息得到有效的利用。

第四，社会化信息服务包括信息用户的信息活动组织与信息保障。在信息社会中，人们具备的信息处理的实际能力与对信息进行筛选、鉴别、使用所需能力有较大差异，因此，社会化的信息服务要能够增强信息用户对信息价值的认识与利用信息的主动性，培养用户主动获取信息的能力。

二、公共图书馆信息服务概述

（一）公共图书馆信息服务的概念

图书馆是人类文献信息资源的集散地，其为读者提供的服务本质上就是信息服务。服务是公共图书馆的最核心价值的体现，也是伴随公共图书馆发展的主线，公共图书馆现代化发展的根本目的与动力就在于为读者提供更好的服务。

　　从广义上来看，公共图书馆为读者提供的一切服务的本质都是信息服务；从狭义上来看，公共图书馆信息服务是指公共图书馆的信息服务部门根据读者的需求，对信息进行检索分析、加工优化之后提供给用户的信息活动。

　　公共图书馆的信息服务内容极具针对性、专业性与丰富性，这些信息服务不仅是图书馆与读者之间联系的纽带，更是公共图书馆促进社会文化发展创新与文化传递的重要表现形式。当前，新媒体的发展为公共图书馆的信息服务提供了更加先进的技术条件，公共图书馆也要把握新时代的发展机遇，积极提升自身的信息服务水平与整体工作水平。

　　公共图书馆的信息服务形式包括检索查询服务、网上教学服务、多媒体资源服务、FTP 协议服务等。通过各种形式的信息服务，公共图书馆可以帮助用户解决信息需求方面的问题，还可以获得用户的反馈信息，同时，这些信息服务也使公共图书馆在社会文明建设过程中做出了重要贡献。

（二）公共图书馆信息服务的原则

　　与其他社会服务相比，公共图书馆的信息服务有其特定的原则。公共图书馆信息服务的原则如图 6-2 所示。

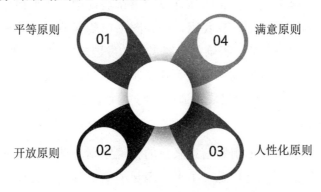

平等原则　01
满意原则　04
开放原则　02
人性化原则　03

图 6-2　公共图书馆信息服务的原则

1. 平等原则

　　平等原则是公共图书馆信息服务的首要原则与基础原则。公共图书馆信息服务的平等原则主要体现在两个方面：平等享有权利与平等享有机会。

　　在 1994 年修订的《公共图书馆宣言》中明确指出："每一个人都有平等享受公共图书馆服务的权力。"2002 年国际图联颁布的《格达斯哥宣言》中也宣称"不受限制地获取、传递信息是人类的基本权利，图书馆与信息服务机构应该为所有用户提供平等的服务"。由此可以看出，平等原则是公共图书馆信息服务最重要、最基本的原则。

一方面，根据我国图书馆相关法律法规与图书馆实际情况，公共图书馆用户应该平等地享有以下权利：取得用户资格的权利、阅读的权利、提出问题的权利、参与和监督图书馆管理的权利、对图书馆工作进行评价的权利、提出合理化建议的权利等。现代图书馆正在朝着公开、公共、共享的方向不断发展，这个过程也是公共图书馆用户平等利用图书馆的权利逐步完善的过程，只有在用户都可以充分享有平等利用图书馆权利的基础上，公共图书馆的信息服务才对每位用户都有意义。

另一方面，公共图书馆应该为所有图书馆用户提供平等利用图书馆的机会，不应有任何歧视或偏见。1999年，国际图联制定的《图书馆与知识自由宣言》中就指出"图书馆应该平等地为所有用户提供信息、设备及服务，不允许种族、信仰、性别、年龄歧视或任何其他形式的歧视"。图书馆服务的平等要在形式与实质上都做到平等，特别是面对社会中的弱势群体时，公共图书馆工作人员要积极、热情地给予其一定的照顾。

在世界上已经制定、公布的几百部图书馆法规中，几乎都强调了公共图书馆信息服务的平等原则。在我国，公共图书馆要保障用户的平等权利，必须坚持其公益性与公共性，否则就与图书馆的发展理念相悖。值得注意的是，公共图书馆服务的平等原则，也会受到现实的制约，公共图书馆提供服务时需要结合实际情况，与社会发展相适应，与主流道德观念相符合。

2. 开放原则

开放原则是公共图书馆服信息服务的关键原则，是现代图书馆服务的发展方向。图书馆的开放过程是一个十分漫长的历史演变的过程。现在，开放式服务已经成为了公共图书馆的重要特征之一。公共图书馆的开放原则主要体现在以下几点：

第一，合理利用图书馆是开放的前提。公共图书馆的开放原则必须在确保国家利益与用户利益的原则下实施，用户开放自由地利用图书馆必须以合理、合法利用为前提。一方面，公共图书馆在为用户提供信息服务的过程中，必须遵守国家法律法规，自觉维护国家利益，尊重和保护知识产权，抵制各种盗版盗用行为，自觉保护用户隐私；另一方面，用户在利用图书馆的过程中也要遵守国家法律法规，不得损害国家利益与信息安全，要充分尊重知识产权，不得进行各项违规操作。

第二，公共图书馆要全面开放各种设施和资源。公共图书馆要向所有用户开放馆藏资源，包括实体馆藏资源与虚拟资源，使用户可以自由选择利用图书馆的资源；公共图书馆要向用户开放所有馆内设施，并且要本着开放的原则，积极做好馆藏布局、设施利用、新书报道、路径标引等工作，并健全检索查询体系，为用户自由利用图书馆创造条件。

第三，时间的开放。公共图书馆要尽可能延长开馆时间，为用户享受图书馆的信息服务提供时间上的保证，努力做到节假日不休馆，保证开馆时间的完整性和连续性。此外，网上图书馆在现代技术的支持下，应该保证24小时不间断全天开放，以便于用户在任何时间都可以利用图书馆的信息资源。

第四，人员的开放。公共图书馆应该面向所有社会公众开放，不论他们的文化背景、社会分工如何，都要为其提供平等的服务。公共图书馆不仅是大众阅读的场所，还是人们学习知识、充实自我的去处，更是一个地区的社会文化中心与信息交流中心，只有面向所有人开放，公共图书馆才能发挥其文化中心与信息中心的职能。

第五，馆务信息的开放。公共图书馆应该将与用户信息服务相关的制度、规定、决策等向用户公开，这样可以更好地体现图书馆决策的民主化，同时也能够促使图书馆信息服务取信于用户。馆务信息公开工作要注意以下几点：制定馆务公开制度、建立用户参与管理与决策的机制、公开用户监督途径、公开接受用户评价。这样，公共图书馆信息服务质量才能不断提高。

3. 人性化原则

公共图书馆信息服务要坚持以人为本，这也是现代图书馆信息服务的内在品质。人性化原则就是公共图书馆在开展各项活动的过程中，要满足人的需求、实现人的价值、追求人的发展。公共图书馆信息服务的人性化原则主要体现为环境的人性化、资源组织的人性化、技术与设施的人性化等。

首先，营造人性化的图书馆环境是提高公共图书馆信息服务质量的前提条件。公共图书馆的环境包括外部环境与内部环境，外部环境主要指图书馆的馆舍位置、图书馆的建筑设计与周围的自然环境布局，内部环境主要指图书馆的内部装修、各种设备等。公共图书馆的地理位置、结构布局等都要以方便用户利用图书馆信息资源为出发点，只有营造出一个舒适便利、充满人文关怀的人性化图书馆环境才能提高公共图书馆信息资源的利用率。

其次，公共图书馆的资源组织应该从人性化角度出发，以方便用户利用资源为原则进行组织。资源组织要遵循文献保障原则与用户保障原则，文献保障原则指根据图书馆的性质与任务要求，全面收集并整理各类文献信息资源；用户保障原则指按照用户需求组织信息资源，方便用户的检索和利用。

最后，现代信息技术的发展可以促进技术与设施的人性化，体现现代图书馆信息服务的人性化。技术因素与人文因素有机结合在一起，才能真正发挥作用。公共图书馆要利用先进的技术为用户提供方便快捷的服务，如为用户提供个性化的信息推送服务、开展网络参考咨询服务等；在服务设施方面，要充分考虑用户利用的方便性，采用大开间、灵活隔断的开放式格局，营造出"书中有人、人置书海"的意境。此外，公共图书馆要为社会上相对弱势的群体提供专门的"绿色通道"，如为孩子们提供儿童阅览室，为行动不便的读者提供轮椅通道与专用电梯等。

此外，公共图书馆信息服务的人性化原则还应该包括服务理念的人性化、服务制度的人性化与服务行为的人性化，尽可能满足读者多样化的信息需求，以使读者时刻感受到图书馆的人文关怀。

4. 满意原则

图书馆用户的满意度是衡量公共图书馆信息服务质量的最重要的标准，因此，满意原则是公共图书馆信息服务的最高原则与最核心原则。不过目前对用户的满意度测定尚无统一标准。近年来，顾客满意度（Customer Satisfaction，简称"CS"）理论在图书馆界备受青睐，可对满意原则进行较好的诠释。

公共图书馆 CS 管理是以用户为导向、以追求用户满意为基本精神、以社会和用户期待为理想目标的管理模式，包括以下三个方面的内容：

第一，图书馆理念满意（MS）。图书馆理念满意指用户对公共图书馆的服务理念、办馆宗旨等的满意程度，主要体现在图书馆的标语、宣传、服务行为等方面。

第二，图书馆行为满意（BS）。图书馆行为满意是指用户对公共图书馆服务行为的满意程度，可以理解为用户对图书馆理念的外在行为表现的满意程度，行为满意包括行为方式满意、行为规范满意、行为效果满意三个方面。图书馆馆员的服务行为是衡量行为满意度的重要因素。

第三，图书馆视觉满意（VS）。图书馆视觉满意是用户对公共图书馆可以看到的各种外在形式与内容的满意程度，如图书馆的装修风格、设备性能、阅读环境与工作人员的职业形象等。视觉满意是图书馆理念的可视化形式。

此外，公共图书馆信息服务的满意原则还要考虑图书馆的创新性。创新性体现的是公共图书馆信息服务的可持续发展及其动力，只有不断创新才能适应时代发展与社会进步。公共图书馆信息服务要与今天十分普及的新媒体平台、互联网平台相结合，以便为用户提供高质量、便捷化的信息服务。

（三）公共图书馆信息服务的类型

公共图书馆信息服务的类型主要包括文献借阅服务、参考咨询服务、馆际互借与文献传递服务，这些服务又可以继续细分。公共图书馆信息服务的类型如图6-3所示。

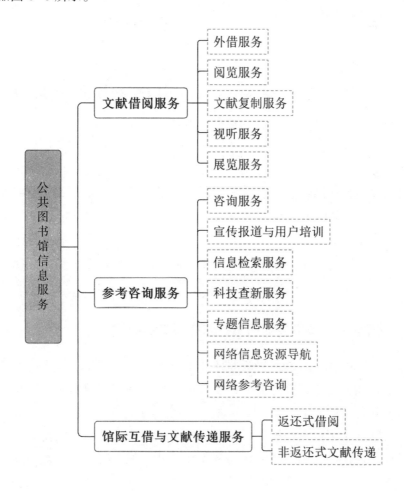

图6-3 公共图书馆信息服务的类型

文献借阅服务是公共图书馆最基本的服务，也是最常见的服务形式，主要包括外借服务、阅览服务、文献复制服务、视听服务、展览服务等。文献借阅服务可以满足大多数读者的日常阅读需求。

参考咨询服务是最能体现公共图书馆服务效率与馆员素质的服务，包括咨询服务、宣传报道与用户培训、信息检索服务、科技查新服务、专题信息服务、网络信息资源导航、网站参考咨询等。参考咨询服务可以满足读者更加专业化、个性化、深度化的阅读需求与信息需求。

馆际互借与文献传递服务指当公共图书馆没有读者所需信息时，通过与其他图书馆合作获取信息并传递给用户的服务，主要有返还式借阅与非返还式文献传递两种形式，前者多为纸质文献借阅，后者多是电子文献传递。

第二节　新媒体背景下公共图书馆信息服务现状分析

根据中国互联网络信息中心发布的第 41 次《中国互联网络发展状况统计报告》，我国互联网普及率已经超出世界平均水平，新媒体已经渗透到了人们生活的各个方面。新媒体的发展与应用对公共图书馆信息服务也产生了深刻的影响，促进了图书馆服务的与时俱进，使读者享可以享受到便捷的信息服务。

一、新媒体背景下公共图书馆信息服务的模式

新媒体的出现一方面对传统媒体相关产业的发展产生了较大的冲击，另一方面也间接促进了传统产业的创新升级。对公共图书馆而言，信息服务的发展离不开科技的发展与公众的需求。新媒体的产生与飞速发展对公共图书馆信息服务产生了深刻的影响，尤其是图书馆的关注度与资料借阅率都受到了不同程度的影响，图书馆的社会利用率持续降低。要解决这些问题，公共图书馆就要主动了解读者的阅读需求与信息需求，积极拓展新的服务渠道，抓住时代发展机遇，增强图书馆的信息服务效能。

新媒体背景下公共图书馆信息服务的模式主要有以下几种。

（一）移动信息服务

移动信息服务指用户通过手机、电子阅读器等便携式的移动设备获取信息资源的服务。移动信息服务的发展有赖于互联网技术、无线网络技术与新媒体技术的发展，这种服务不会受时间与空间的限制，只要有网络覆盖，用户就可以随时随地享受移动信息服务。

移动信息服务最主要的特征是信息获取的灵活性，基于这一点，移动信息服务将成为未来图书馆信息服务发展的主要形态之一。通过移动信息服务，公共图书馆可以提供数据检索、读者状态查询、主动推送等服务，可以满足读者文献检索、数据浏览、文献下载与传递等需求。

移动互联技术的飞速发展，使公共图书馆的信息服务能力得到了长足的发展。在移动终端，通过新媒体平台与网络技术的结合，读者可以轻松享受图书馆的各项信息服务。

（二）数字参考咨询服务

数字参考咨询服务指在新媒体背景下，将各种数字技术应用于读者参考咨询的服务，这种服务方式可以随环境的变化随时进行调整，如可视咨询、互动咨询、实时咨询等，旨在为读者提供高效、即时、动态的服务。以合作式咨询服务为例，这是数字参考咨询服务中比较具有代表性的服务模式，它是由多个图书情报机构联合形成的分布式虚拟信息咨询服务网站，依托庞大的网络信息资源与馆藏信息资源，依靠专家学者与资深馆员的支持，在全球网络平台上，通过数字信息咨询系统，为所有地区的读者提供信息参考咨询服务。

（三）读者个性化信息服务

读者个性化信息服务指公共图书馆通过数据分析，对读者的个性化需求有所掌握后主动向其推送相关信息的服务。提供读者个性化信息服务的需要，公共图书馆与读者进行互动式的沟通，并采用多种数据分析技术，定制互动式的服务方案，为读者提供及时的信息资源。在这个过程中，图书馆要不断根据读者的反馈或意见进行服务方案的修改与完善，不断提高服务质量，最终达到信息资源的创新利用，提升资源利用率与读者满意度。读者个性化信息服务包括个性化信息推送、个性化智能代理、个性化信息定制、个性化数据挖掘等服务内容。

（四）数字电视图书馆服务

数字电视图书馆将公共图书馆信息服务向前推进了一大步。数字电视图书馆服务利用数字电视的交互功能，将数字电视与数字图书馆相连接，使读者通过数字电视即可享受到数字图书馆的多种服务，包括查询图书借阅状态、检索馆藏资源、电子书刊阅览、经典剧目点播、远程参与图书馆活动等。我国国家图书馆、天津图书馆、深圳图书馆、杭州图书馆、上海图书馆等都开辟了数字电视图书馆栏目；其中，国家图书馆制作的《国图空间》包含了书刊推荐、馆藏精品、图说百科、经典相册等节目，使读者可以充分享受到数字图书馆的双向交互式服务。

随着数字出版技术的深度发展，传统的以纸质资源为主的阅读方式日渐式微。在新媒体时代，除了纸质资源，还有各种数字型的、电子化的阅读资源，因此，公共图书馆要积极了解读者需求以配备馆藏资源与信息服务，坚持以需求决定资源、以需求决定服务的办馆理念。

此外，随着科学技术的不断发展，新媒体作为一种新兴传播媒介正日趋成熟，并且已经改变了人们获取信息的行为习惯，传统的信息获取与交流方式已经无法满足现代读者更便捷化与个性化的需求。因此，公共图书馆要紧跟时代发展步伐，积极引进新媒体技术，拓展新的传播渠道，提供更加符合读者需求的信息服务。

二、新媒体背景下公共图书馆信息服务的特点

和传统图书馆信息服务相比，新媒体背景下公共图书馆信息服务主要应用计算机技术、网络技术、新媒体技术等现代技术对信息资源进行采集、存储、处理、传递等操作，以满足用户的信息需求。新媒体背景下公共图书馆信息服务具有以下特点。

（一）信息资源数字化

信息资源数字化是指将信息资源以计算机可读的形式进行存储，即将传统印刷载体信息进行数字化处理，再对处理好的数字化信息的直接采集或存储，或者运用各种书写、识别、压缩和转换等技术直接下载和存储。

随着数字化技术的发展，新媒体背景下公共图书馆的信息资源不仅包括各种类型的馆藏实体，还包括各种类型的数字信息资源，呈现出存储虚拟化、收藏数字化的特点。

（二）服务内容精品化和多样化

随着用户对信息资源的要求越来越高，新媒体背景下公共图书馆的信息服务内容呈现出精品化和多样化的特点，具体体现在以下方面。

首先，公共图书馆信息服务更加强调对信息资源的开发和利用，即并非为用户简单地提供信息线索和相关资源，而是侧重为用户提供可以解决现实问题的知识和方案。

其次，随着电子信息资源总量的急剧增长，用户在利用信息资源时越来越注重信息的有效性，因此公共图书馆对信息资源的内在质量越来越重视，在提供信息内容时，往往会为用户过滤掉没有价值、冗余的信息，以便为用户提供有效、精准的信息资源。

最后，由于用户对信息资源的需求是多样性的，因此公共图书馆在信息服务内容方面几乎包括信息资源的所有类型，呈现出多样性和复杂性。

（三）信息服务网络化

新媒体背景下公共图书馆在为用户提供信息服务方面，呈现出网络化的特点，主要体现在以下方面。

首先，在信息资源访问方面呈现出网络化和自由化的特点，即可以通过网络获取来自不同地方、不同载体的信息资源，突破了时间和空间的限制，可以对信息资源进行有效的存储与传递。

其次，在服务手段方面呈现出网络化的特点，即通过信息机构网络化、信息资源网络化、信息服务网络化等方式，满足用户的信息需求，并鼓励用户参与信息资源的收集和研究。

（四）信息检索智能化

不同于传统的检索方法，新媒体背景下公共图书馆在信息检索方面呈现出智能化的特点。

首先，新媒体背景下公共图书馆通过智能式人机交互的方式进行信息的检索，而不是惯用的关键词及其逻辑组合的方式，这样可以有效检索出用户需要的信息资源，避免无效的信息资源。

其次，智能式人机交互的检索方法是以知识为基础的，用户可以通过自己的"自然语言"和系统进行交互，进而不断缩小搜索目标，最终缩短用户获取所需文献资料的时间，提高信息检索的有效性和准确性。

三、新媒体背景下公共图书馆信息服务的问题

（一）公共图书馆信息服务较为滞后

在公共图书馆提供信息服务的过程中，新媒体具有十分明显的优势，有着广阔的发展前景。但是，目前我国公共图书馆信息服务在新媒体应用方面并未达到理想效果，一些图书馆还在沿用传统的信息服务方式；已经尝试应用新媒体技术与新媒体平台的图书馆又大都处于初始阶段，对新媒体的应用还不成熟。

此外，公共图书馆在对新媒体的应用中，能够借鉴的理论与实践经验都比较少，导致其发展缓慢。同时，我国公共图书馆存在发展不均衡的问题，使得各图书馆对新媒体技术的应用水平也参差不齐。在馆员专业素养较高、资金比较充裕的图书馆中，新媒体的应用水平往往较高，反之则较低。很多公共图书馆受外界条件的限制，无法充分发挥新媒体在图书馆信息服务中的巨大作用。

（二）信息服务人才不足，服务理念陈旧

虽然信息服务技术的发展十分迅速，但是信息服务人才的数量与服务理念的发展并未与技术的发展保持同步，许多公共图书馆的信息服务工作依然以传统的图书借阅归还为主，并没有做到主动了解用户的信息需求并予以满足。很多信息服务人员对新媒体技术与新媒体平台的了解不够，无法发挥新媒体在图书馆信息服务中的巨大作用。因此，各级图书馆要积极更新服务理念，引进、培养新型信息服务人才。

（三）公共图书馆信息资源缺乏共享合作

我国公共图书馆信息资源的合作共享经过长时间的努力探索，已经取得了很大的进展。但是在新的发展时期，公共图书馆信息服务的内容比较零散、复杂，而且用户对信息的需求具有较强的差异性，如有的读者需要科普类知识，有的读者需要专业性较强的信息，还有的读者想要看到某领域的前沿研究成果。在这样的情况下，单个图书馆的资源往往是有限的甚至是欠缺的，如果想满足每一位读者的需求，就必须加强与其他图书馆和文化机构的合作共享，这样才能提高公共图书馆整体的信息服务水平。

第三节　新媒体背景下公共图书馆信息服务创新发展路径

当前公共图书馆的信息资源越来越广泛和全面，用户在进行搜索和查找时，难免会存在这样或那样的问题，加上用户对信息服务的要求越来越高，传统图书馆信息服务越来越难以满足当前时代和社会的需要。

为满足用户日益多样化的信息需求，公共图书馆需要探索信息服务的创新发展路径，通过深化新媒体应用、提升馆员专业素养、优化信息资源结构等方式，对信息服务方式进行创新，构建公共图书馆信息服务系统，应用现代科学技术（网络技术、大数据技术等），以满足用户的信息需求，为用户提供高水平、高质量的信息服务。

一、进一步深化新媒体应用

首先，公共图书馆要通过微博、微信等平台进行阅读推广活动。在提供信息服务的过程中，公共图书馆要充分利用微博、微信等具有庞大用户基础的新媒体平台，以及近几年十分流行的短视频平台、有声读物平台等，这些平台都是公共图书馆可以拓展的方向。利用这些新媒体平台的传播力量，可以使阅读推广活动影响到更多人。例如，截至 2021 年底，中国国家图书馆的官方微博关注人数超过了 80 万，这是传统的阅读推广活动无法覆盖到的用户数量。可见，利用新媒体平台可以使更多人参与到阅读活动中来。

其次，公共图书馆要加强社交网络建设。公共图书馆建设社交网络的目的是更好地为读者提供信息服务，利用社交网络为读者创造信息沟通的平台。读者只要进行注册，就可以成为社交网络的会员，就可以利用该平台体验图书馆的服务。同时，在社交网络平台上，读者可以认识许多兴趣相同及专业相近的人，这有利于读者之间的学习交流。对公共图书馆而言，建设社交网络可以吸引更多用户，还可以为用户提供针对性的、个性化的服务。

最后，公共图书馆要加强手机端新媒体的应用，具体可以从以下几个方面入手：第一，开通手机服务窗口。读者可以通过手机端登录公共图书馆的网站，享受到图书借阅、新书介绍、参考咨询等服务。第二，提供多媒体信息服务。公共图书馆需要充分整合各种多媒体数据库的资源，满足读者利用智能手机浏览视频、图片、文字等信息的需求。第三，开通官方微信、微博等社交平台账号。通过运营与管理，逐渐形成若干讨论小组，为用户与用户、用户与图书馆之间的交流搭建平台。

二、不断提升馆员专业素养

当前，各级公共图书馆都在不断完善自己的各种数字化资源，网络阅读、电子借阅等形式逐渐成为公共图书馆重要的服务路径。读者的阅读习惯在发生改变，读者对阅读服务的要求也在逐渐提高，图书馆馆员的专业素养对图书馆的信息服务质量的影响越来越重要。因此，加强馆员队伍的建设、提升馆员的专业素养，已经成为公共图书馆的重要工作之一。

公共图书馆馆员专业素养的提升，可以从以下几个方面入手。

首先，公共图书馆要不断提高岗位吸引力，要努力吸纳一批文化程度高、专业知识扎实、掌握新媒体技术的人才，并通过提高工作待遇等方式留住优秀人才。

其次，公共图书馆要经常性地举办员工培训活动，鼓励馆员参加各种专业技术培训与能力提升的课程，助力馆员更好地为读者提供信息服务。

最后，公共图书馆要更新馆员的新媒体理念，培养其新媒体应用能力。公共图书馆工作人员只有积极接受新媒体，能够多渠道、全方位地应用新媒体技术，才能理解用户的心理，才能为用户提供更加便捷、贴心的服务。

公共图书馆只有不断吸纳优秀人才，提升工作人员的专业素养，才能更好地为广大读者服务，才能提供高质量的信息服务以及其他服务。

三、优化信息资源结构，实现资源共享

随着社会信息化的快速发展，公共图书馆的各项职能也亟需强化与创新。在新媒体背景下，图书馆信息资源的优化整合、共建共享已成为今天公共图书馆事业发展的主要任务。

首先，在建设数字图书馆的同时，也要注重对纸质文献资源的优化整合。纸质资源是图书馆资源建设的重要组成部分，是人类文明传承的重要载体。即使在新媒体背景下，纸质资源依然是重要的信息资源，纸媒并不会因为信息传递与呈现形式的改变而消亡。纸媒在现代社会仍然是重要的文化载体之一，是人们学习、娱乐、获取信息的重要载体。所以，在新媒体背景下，不能忽视对纸质文献的收集与整理。与此同时，在纸质文献资源建设中，新媒体也可以发挥重要作用，公共图书馆可以利用新媒体的各种功能，优化用户对纸质资源的使用感受。例如，新媒体具有信息传输的广泛性与准确性，公共图书馆可以利用这些特点引导读者查阅相关纸质文献，便于读者检索和查找纸质文献信息。

其次，要重视图书馆的信息化与数字化建设。一方面，公共图书馆要对已有信息资源进行数字化加工，整合本馆各类信息资源。一些纸质图书可以通过拍照、扫描等方式转为电子版，如一些较珍贵的、不能轻易外借的古籍善本，就可以以数字化形式呈现给读者，这样既可以使读者学习相关知识，感受历史文化的厚重，又有利于纸质书籍的保存与流传。另一方面，公共图书馆可以购买国内外的商业数据库来丰富和充实本馆的信息资源。数据库的种类多样、内容丰富，各种类型的数据库不断涌现，满足了用户的多样化需求。

再次，整合互联网信息时要做到去粗取精。互联网的海量信息也是信息资源建设的来源，但是互联网信息具有数量巨大、类型杂乱、质量良莠不齐的特点，并不是每一条信息都可以用来服务读者，那些干扰读者甚至错误引导读者的信息都属于"垃圾信息"，一定要剔除。公共图书馆最终要呈现给读者有价值、有意义的信息。

最后，各图书馆之间要开展馆际合作，实现资源共享。每个图书馆的信息资源建设都会有一定的侧重点，不可能做到包罗万象。但是用户对信息资源有着各式各样的需求，单个图书馆注定无法满足所有用户的需求。因此，各图书馆之间的馆际合作、资源共享十分重要，只有打破专业、行业的资源束缚，使信息资源在各馆之间自由流通，才能实现信息资源的最大化利用，公共图书馆信息资源服务才会进入全新的发展时期。

网络技术的发展为我们开启了信息化社会的大门，新媒体则是信息高速公路上的新干线。新媒体的出现不仅为信息传递提供了新的平台，还使不同图书馆之间的资源共享成为了可能。在新媒体技术飞速发展的今天，公共图书馆也要抓住机遇，改革信息服务模式与信息服务内容，利用新媒体技术了解读者需求，为读者提供个性化服务，使图书馆在现代社会中继续发挥其信息中心的社会职能。

四、构建公共图书馆信息服务系统

新媒体背景下公共图书馆信息服务具有信息资源数字化、信息检索智能化等特点，这些特点要求公共图书馆构建全新的信息服务系统，创新信息服务的方式，为用户提供便捷高效、系统全面的信息服务，最终提高公共图书馆信息服务的质量和水平。

（一）公共图书馆信息服务系统的组成

信息服务是公共图书馆的重要内容，为方便用户获取全面、系统的信息资源，使其享受具有针对性、个性化、多元化的信息服务，公共图书馆有必要建设公共图书馆信息服务系统，该系统主要包含以下几方面的内容。

1. 信息资源

对于公共图书馆而言，信息资源是信息服务的基础和前提，如果没有信息资源，信息服务就无从谈起。公共图书馆的信息资源包括馆藏资源、网络虚拟资源、数据库资源等，为了将这些信息资源进行科学合理的利用，满足用户的信息服务需求，有必要对信息资源进行建设，建立起全面、系统的公共图书馆信息服务系统。

首先，加强对数字信息资源的建设，即针对公共图书馆现有的信息资源，对不同读者群的需求进行分析，建设具有针对性的数字资源，以便用户在网络中进行搜索和查找。

其次，公共图书馆要和文献流通领域服务商、搜索引擎服务商加强合作，获取更多的文献资源；同时，要与其他图书馆加强合作，积极推进信息资源的共建共享，推动资源和服务平台的进一步融合，构建多方资源共享体系，让读者可以更加方便地查找信息资源。

2. 信息检索系统

为了向用户提供各种类型的信息服务，公共图书馆有必要建立信息检索系统，以便用户通过该信息检索系统查询所需的内容。

信息检索系统具有简单便捷的特点，既不需要用户掌握多种系统的使用方法，又不需要用户利用不同的检索工具进行反复查询，可以有效避免用户查询到重复、交叉的信息资源，最终实现信息资源的交互式共享。因此，公共图书馆在建设信息服务系统时，应当重点建设信息检索系统，通过开放式协议对分布式信息进行有效整合。信息检索系统的要求如下。

（1）拥有可靠的服务。在进行信息检索时，用户希望查询到的信息内容是真实可靠的，所以图书馆在整合信息资源时要确保每个系统的信息资源都是真实的，要符合用户的预期目标。

（2）系统能够稳定运行。信息检索系统在运行时必须是稳定的，要能够应对各种检索状况，不会出现系统崩溃的情况，可以满足用户各种类型的查询需求。

（3）信息检索系统设置的合理性。信息检索系统在集成各图书馆的信息资源时，要注意信息资源布局的合理性；在用户查询信息时，要高效、快速地显示出查询的内容。要想提高信息查询效率，就要对信息检索系统进行合理性设置，降低查询的复杂度。

（4）信息检索系统要具有可扩展性。可扩展性要求信息检索系统在增加、修改或删除某些功能时，该系统的框架和主要代码不会改变。随着公共图书馆和新媒体技术的不断发展，图书馆提供的信息检索服务只会越来越详尽、越来越细致，信息检索系统的功能也会越来越复杂。因此，在设计信息检索系统的结构时，必须要考虑信息检索系统的可扩展性。

3.其他信息服务系统

为满足用户多样化的信息需求，公共图书馆还要建立文献传递系统、在线咨询系统、个性化服务系统、文献借阅系统等，以方便用户及时咨询问题、借阅图书资源等。

在建设上述系统时，公共图书馆应当遵循实用性原则、可扩展性原则、稳定性原则、交互性原则、可靠性原则等，以使各项系统可以稳定可靠地运行，为用户提供对应的功能和服务，最终方便用户获取便捷的图书馆信息服务。

4.信息服务平台

信息服务平台是公共图书馆为用户提供信息服务的载体，具有重要的作用和价值。用户通过信息服务平台可以获取自己所需的信息，信息服务平台是用户获取信息服务的前沿阵地。

为了让用户享受高效快捷、交互型的一站式服务，信息服务平台可以将用户检索模块、在线咨询模块、个性化服务模块、文献传递模块等集成在用户界面下方，以使用户方便快捷地获取相关信息服务，其具体功能如下。

首先，用户可以通过用户检索模块查询公共图书馆的馆藏书目、馆内光盘数据库资源、各种类型的网络数据库资源等，及时获取自身所需的信息资源。如果没有找到自己需要的资源，用户可以通过文献传递模块，在其他图书馆获取自己需要的信息资源。

其次，用户可以通过在线咨询模块、资源下载模块等，查找自己需要的信息资源。在信息服务平台，用户可以进行在线阅读全文、下载部分资源、预约和续借等操作。

最后，公共图书馆可以通过个性化服务模块，根据用户填写的研究方向和查找内容等信息，为用户推荐相关的信息资源，并根据用户的反馈信息进行协同推荐，有针对性地满足用户的信息需求。

通过信息服务平台，用户可以便捷高效地享受到各种类型的信息服务，以满足自身的信息需求。

5.组织结构

传统图书馆信息服务组织结构以参考咨询部门为主体，结构比较简单，难以适应当前用户多样化的信息需求。因此，公共图书馆信息服务系统应当采用多维多层的组织结构，以使多项专门任务可以在一个组织中协调地完成。例如，在馆际互借业务流程中，可以将双方的信息咨询部、技术部、读者服务部联结起来，在多个部门的组织配合下，最终完成文献在图书馆之间的有效传递。这样不仅可以节约大量的时间和精力，而且可以帮助用户及时获取相关信息资源。

（二）公共图书馆信息服务系统的原则

公共图书馆信息服务系统的原则有以下几条。

1.操作系统易用性原则

在工作和生活中，易用性都是影响用户进行信息查询的重要因素。一旦所用的信息服务系统操作不够简便，查询信息过程十分繁琐，用户便会感到不方便和厌烦，进而放弃使用。因此，在建设公共图书馆信息服务系统时，要简化和优化业务流程，从用户使用的角度出发，做到强化系统功能，简化操作流程，为用户提供引导和帮助，以消除信息阻滞，真正发挥出公共图书馆信息服务系统的功能和价值。

2. 协作性原则

在建设公共图书馆信息服务系统时，应当遵循协作性原则，为用户提供大规模、全方位、高效能、多层次的信息服务。

首先，应利用现代科学技术手段，通过馆际协作整合现有的信息资源，获得用户需要的、全面的、系统的信息资源，为用户提供全方位、大规模的信息服务。

其次，应将图书馆的文献（某一特定领域信息或某一特定用户的需求信息）进行集成，并将信息要素、功能要素、技术要素等文献资源保障要素进行有机结合，方便用户获取自己所需的文献信息。

因此，在构建公共图书馆信息服务系统时，要遵循协作性原则，加强各图书馆之间的合作，加强对信息资源的整理等，以便为用户提供高质量的信息服务。

3. 服务方式多样化原则

现代科学技术飞速发展，公共图书馆信息服务面临着机遇也面临着挑战。尤其是数字图书馆，其可以通过电子文献的形式为用户提供信息服务，极大地丰富了图书馆信息服务的方式。

公共图书馆信息服务方式方面，逐渐呈现出多向性的特点。一对多、多对一和机对人的文献传递方式逐渐取代了原有的一对一、人对人的服务方式。同时，用户对公共图书馆的评价更加侧重图书馆资源的利用率、用户的满意程度等，这就对公共图书馆信息服务方式提出了多样化的要求。

因此，在构建公共图书馆信息服务系统时，要遵循服务方式多样化原则，努力探索和实践新的信息服务方式，为用户提供更好的服务体验。

4. 服务内容个性化原则

在新媒体背景下，用户的信息需求日益多元化和个性化，传统的信息服务内容已不能满足用户的需求。因此，公共图书馆需要遵循服务内容个性化原则，密切关注新媒体背景下信息服务的发展和变化，满足用户个性化的信息需求。

首先，公共图书馆应当改变以馆藏为中心的信息服务模式，采用"藏用并重""以用为主"的信息服务模式，为特定的用户群体匹配特定的信息资源，提高公共图书馆信息资源的利用率。

其次，在建设公共图书馆信息服务系统时，为满足用户的多元化需求，可以采用推送服务、信息传播服务等服务方式，更好地满足用户的现实信息需求和潜在信息需求。

第七章　新媒体背景下公共图书馆服务创新发展

第一节　公共图书馆新媒体服务质量研究

互联网技术与新媒体技术的到来对传统图书馆的发展造成了一定的冲击，人们对网络与新媒体的依赖程度越来越高，公共图书馆需要借助新媒体平台实现服务转型才能更好地向前发展。新媒体有着与传统媒体不同的传播特点与管理维护特点，因此公共图书馆在运用新媒体技术提供服务的过程中，其服务质量会受到多种因素影响，服务质量的提升途径也与以往不同。

一、公共图书馆新媒体服务质量影响因素

（一）硬件设施与数字资源

新媒体的产生与发展离不开互联网与移动智能终端，因此公共图书馆新媒体服务对硬件设备与数字资源等有着较高的依赖度，除了少数应用软件可以离线使用之外，微博、微信等新媒体平台都需要接入网络才可以实现其功能，这就导致用户对数据通信和网络环境的依赖度较高，需要公共图书馆提供成熟完备的数据支持。

一方面，公共图书馆要有良好的通信设施与数据信号的充足供给；另一方面，公共图书馆要全面覆盖无线网络，方便读者通过新媒体平台获得图书

馆服务。不论微信平台还是移动 APP，公共图书馆新媒体服务各种功能的实现依托于海量的数据资源，数据资源的存储与调取都需要较高质量的硬件设备。因此公共图书馆新媒体服务对硬件设备的正常运行与维护及其所处的外在环境有着较高的要求，比如环境要恒温恒湿、通风良好等。

除了各种硬件设备，公共图书馆利用新媒体开展服务还需要数字资源等"软实力"，如果没有充足的馆藏数据资源做后盾，图书馆的新媒体服务就无法突出馆藏优势与本馆特色，新媒体也就无法提供多元化服务，因此数据资源的建设也不容忽视。由于数据资源以及移动设备的特殊性，在对馆藏资源进行数字化建设时公共图书馆新媒体服务应格外注意其格式要求，要充分考虑其兼容性和拓展性，以及数据的长期保存问题。

（二）人员因素

在公共图书馆新媒体服务过程中，人员因素的影响也是至关重要的。对公共图书馆的新媒体服务而言，在前期建设与后期运营维护阶段，都需要后台的人工管理与技术管理，因此公共图书馆新媒体服务质量的高低与人员素质有着直接的关联。在信息咨询服务个性化与知识服务深刻化的发展趋势下，公共图书馆馆员的专业素养也要有相应的提升。公共图书馆要逐步优化馆员结构，提高馆员整体素质与服务水平，以适应未来图书馆发展的需要。

（三）传播效果

在新媒体应用于公共图书馆服务工作的过程中，新媒体的媒体属性不容忽视，新媒体的传播效果、影响力与交互性等因素会深刻影响公共图书馆的服务质量。

新媒体与传统媒体最大的区别就是新媒体具有交互性，交互性可以无限拉近媒体与用户的距离，提高用户的参与感。比如微博的评论功能，可以使每位用户充分发表自己的意见，还可以对他人的意见进行评价与交流，这就使媒体传播的影响力得到了充分展示。

当今，各种新媒体平台层出不穷，如果某种新媒体不能使用户产生参与感、体验感，用户依然是信息的旁观者而非参与者，那这种新媒体往往很快就会被淘汰。公共图书馆新媒体服务也是如此，如何不断挖掘读者需求与意愿、增加用户亲密度、提高用户忠诚度，是影响公共图书馆新媒体服务质量的重要因素。

二、公共图书馆新媒体服务存在的问题

（一）没有给予读者科学正确的阅读指导

传统图书馆的服务模式重视对到馆读者的服务，图书馆的阅读推广功能并未得到有效的发挥，也未能充分发挥图书馆在文化传播方面的作用。在新媒体背景下，公共图书馆可以更好地履行其文化传播与社会教育的职能，不过尚未引起全社会对阅读的广泛关注，特别是经典作品的深度阅读普遍缺失。

随着社会的发展，各公共图书馆的硬件设施不断改善，公共图书馆新媒体服务的问题也逐渐显现：很多读者到图书馆是为了借用图书馆的场所与享用图书馆的服务，并不是为了阅读，这就导致了图书馆阅读推广功能的弱化。读者对阅读服务的获取途径不再局限于图书馆，读者对图书馆的依赖程度在逐渐弱化，很多读者得不到图书馆科学正确的阅读指导，忽视了阅读的重要性，而迷失于新媒体的碎片化信息中。

（二）缺少全方位的调配与管理

公共图书馆会主动开展很多丰富多彩的阅读推广活动，比如阅读文化节、讲座、展览等，这些活动只依靠图书馆的力量是远远不够的，需要多个部门的通力协作；同时在活动策划阶段，要有一个专职部门牵头主办，其他部门积极配合，这样才能使活动更具影响力。现在，很多阅读推广活动存在频次高、效果低的问题，除了公共图书馆自身的原因外，其他部门与图书馆之间的配合也需要加强。

一些公共图书馆并未设立专门负责新媒体阅读推广活动的部门，馆内也没有建立相关的工作机制。这样一来，活动的出发点虽然是好的，但是往往达不到预期效果，难以产生广泛的深入人心的影响力。因此，新媒体阅读推广活动的有效开展需要建立长效的运营机制，做到全方位的调配与管理，实现一部门牵头、多部门协作，促进新媒体阅读推广活动的有效落实。

（三）缺乏与读者的有效沟通

公共图书馆开展阅读推广活动，主要服务对象是社会公众群体。新媒体时代的公众有着更加广阔的知识面与多种多样的阅读需求和阅读兴趣，他们看待图书馆的阅读推广活动时会带有自己的主观预期，这就导致活动结果无法达到所有人的预期。

此外，公共图书馆的新媒体阅读推广活动逐渐固化，多为读书节、服务周、知识竞赛、征文活动等，这些活动虽然有利于加强图书馆与读者之间的沟通，但是随着时间的推移逐渐变得形式化，缺乏与读者的有效沟通。公共图书馆需要了解读者的阅读兴趣，调查读者对阅读活动的偏好，只有花心思、下功夫才能做好阅读推广服务。

（四）缺少前期调研与后期评估

公共图书馆如果不与读者进行深度沟通，也不开展全面调研，只按照自己的主观想法进行活动策划，这样的活动注定是无法满足公众需求的。所以，公共图书馆的任何活动都不能忽视读者的需求，那样只会降低读者对图书馆的好感度。

此外，很多活动重视筹划与举办，但是忽略了前期调研与结束之后的总结，无法沉淀有效经验，这就导致活动花费了大量人力、物力之后依然无法取得良好效果，失去了其应有的价值与意义。

三、提高公共图书馆新媒体服务质量的对策

公共图书馆的新媒体服务还处于发展阶段，其服务质量还需进一步提高，未来公共图书馆新媒体服务质量的提高可以从以下几个方面着手。提高公共图书馆新媒体服务质量的对策如图 7-1 所示。

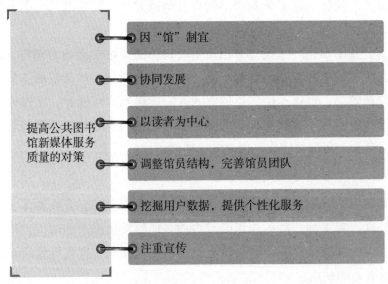

图 7-1　提高公共图书馆新媒体服务质量的对策

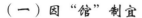

（一）因"馆"制宜

我国公共图书馆遍布各地且发展不均衡，因此无法提供适合所有图书馆的新媒体服务策略；各图书馆在新媒体服务发展过程中，也不可能完全照搬其他地区图书馆的模式。对每一个公共图书馆而言，都要结合自身的馆藏资源、馆内设施等实际情况与当地的社会发展背景等，做到因地制宜、因"馆"制宜，把握当地读者最迫切的现实需求，有重点地选择最符合实际情况的新媒体工具与新媒体平台，有针对性地提升自身服务质量。

（二）协同发展

不同的社交媒体平台与应用软件在功能实现上具有明显的差异性，比如微博、微信擅长信息的即时发布与快速推广，可以吸引大量用户进行实时的资讯交流，但微博与微信只能提供传播路径，并不能直接供给资源。移动应用软件则与之不同，移动应用软件可以供给大量的资源，但是在传播路径的便利性与传播的交互性方面不如前者。公共图书馆在利用不同的新媒体渠道时，要注意扬长避短，综合利用，为用户提供符合其信息获取习惯的系统化服务。比如，微信公众平台可以通过后台的资源配置，实现部分资源的直接获取，这就是积极探索协同发展与融合之路的优秀范例。

协同式服务不仅反映在公共图书馆与新媒体平台的协同上，还反映在不同图书馆之间的充分协作上。很多公共图书馆都在积极建设数据资源库，但是在这个过程中出现了很多重复建设的现象。虽然数字资源要比纸质资源更容易实现共建共享，但是公共图书馆之间跨区域的资源合作还不成熟。在今后的发展中，公共图书馆要充分利用新媒体及第三方的数据资源，搭建起跨区域的资源共享平台，充分发挥资源优势，为用户提供服务。

（三）以读者为中心

读者是公共图书馆信息服务的对象，更是推动图书馆不断发展的源动力。以读者为中心是公共图书馆的服务理念，这一理念要落实到图书馆新媒体服务的整个过程中，从资源选择与构建到服务方式变革与优化，每个环节都要充分调研，了解用户的需求，在与读者进行充分交流和互动的基础上，不断收集读者的反馈意见，并针对读者的反馈意见做出调整与改进，在大量的零散信息中挖掘用户的深层需求，不断优化服务方式。在这个过程中，公共图书馆要始终做到以读者为中心，充分挖掘并利用社交媒体的巨大用户潜力与新媒体的交互性。

（四）调整馆员结构，完善馆员团队

长期以来，公共图书馆的人才队伍建设并未受到足够重视，缺乏系统的人才引进、人才培养的机制，许多图书馆都存在中年工作人员较多而优秀青年人才较少的情况，并且很多图书馆在招纳人才之后并不能留住人才，导致人才流失、馆员队伍青黄不接。在公共图书馆发展过程中，特别是新媒体服务中，图书馆馆员的素质与知识结构将直接影响公共图书馆新媒体服务的质量与用户体验，高素质的人才队伍将发挥越来越重要的作用。

基于此，公共图书馆要积极调整馆员结构，打造一支高层次、高素质的馆员人才队伍。目前，很多公共图书馆已经在这一方面做出了有益的尝试，在现有馆员的基础上，引入拥有多学科背景与新媒体专业的高级人才，为新时代的阅读推广做出了贡献。在公共图书馆的未来发展中，高质量的人才将成为提高图书馆服务质量的关键因素，因此公共图书馆要高度重视人才队伍的建设与人才发展环境的优化。

（五）挖掘用户数据，提供个性化服务

随着大数据技术的不断发展，用户数据可以被更大范围地精准捕捉，用户行为与用户倾向也可以被充分挖掘，通过大数据分析，公共图书馆可以为用户提供更加符合其预期的服务。公共图书馆在新媒体服务过程中，要对用户数据给予足够的重视，在与读者充分交互的前提下，跟踪并挖掘读者在新媒体平台上产生的海量数据，从读者的行为数据中挖掘出读者对信息资源的偏好，从而分析出该读者的资源需求，主动为其提供个性化服务。

此外，在新媒体平台的建设与运营过程中，公共图书馆要始终贯彻为用户提供个性化服务的理念，在新媒体平台的界面设计、操作设计等环节充分考虑用户的心理特征，为读者提供良好的使用体验，提高用户对公共图书馆新媒体服务的认可度，增强用户黏性。

（六）注重宣传

互联网的发展使信息的传播空前便利，读者的信息来源渠道日益多元化，人们可以通过各种搜索引擎，很容易地获取自己所需的信息，这些现象对公共图书馆而言，都是严峻的挑战。因此，公共图书馆要积极探索变革之路，注重宣传，吸引读者目光，使图书馆成为读者在有信息需求时的选择目标。

公共图书馆在为读者提供信息服务时，可以借助新媒体的巨大影响力，向用户推介本馆的新媒体服务，这样既可以增加读者对图书馆新媒体服务的认同感，也可以为图书馆自身的发展赢得良好的口碑。

第三节　传统图书馆与数字图书馆相融共促

互联网技术与新媒体技术的发展，为数字图书馆的发展提供了良好的外部环境，但是可以肯定的是，数字图书馆并不会完全取代传统图书馆，传统图书馆与数字图书馆将会适应时代发展的需要，整和资源、取长补短，共同促进公共图书馆事业的发展。

一、传统图书馆与数字图书馆的异同

（一）传统图书馆与数字图书馆的相同之处

传统图书馆与数字图书馆都是保存并传播人类知识信息的公共服务组织，两者具有一脉相承的传承性。传统图书馆与数字图书馆的共性如图 7-2 所示。

服务对象相同　　服务内容相同

服务性质相同　　文献整理方法相同

图 7-2　传统图书馆与数字图书馆的共性

第一，两者的服务对象相同。公共图书馆的服务对象是广大读者，公共图书馆的社会责任是知识信息的保存与文化的传播，这是无论何时都不会改变的。

第二，两者的服务内容相同。不论公共图书馆的服务形式如何变化，其服务内容都是对纸质载体或数字载体的文献资源进行整理、保存与传播。

第三，两者的服务性质相同。传统图书馆与数字图书馆都是向社会公众提供社会公共服务的机构，都是公益性的社会组织，其服务性质都是免费的、公益的、开放的。

第四，两者的文献整理方法相同。传统图书馆与数字图书馆都需要对信息资源进行采集、组织、传递，这些文献整理方法并没有本质的区别。

（二）传统图书馆与数字图书馆的主要区别

传统图书馆与数字图书馆的对比研究如下。

从概念来看，传统图书馆是搜集、整理、保管、传播和利用书刊资料，为一定社会的政治、经济、文化服务的科学、文化、教育机构，而且传统图书馆中的书刊资料主要是纸质版的印刷品。数字图书馆则指利用数字技术收集、转换、描述和存储图书馆馆藏信息，并通过互联网提供信息服务的机构，它是传统图书馆功能的扩展。

从服务的时间与空间来看，传统图书馆是组织发布实体文献的机构，虽然实体文献有各种载体，但是基本都是纸质印刷品，并且读者只有在特定的时间内进入图书馆中才能享受到服务。而数字图书馆依托网络通信技术，不受时间与空间影响，读者可以随时随地利用数字图书馆获取自己所需的信息，因此数字图书馆也被称为"无墙图书馆"，数字图书馆服务具有便捷性与开放性。

从文献的贮藏量与文献来源来看，传统图书馆的文献是长期积累并保存下来的，其数量十分庞大，但是由于馆舍场地的限制，文献数量再多也会有上限。数字图书馆的信息资源有一部分来自传统图书馆的纸质资源的数字化，还有一部分来自其他图书馆与各类数据库、电子出版物等，而且数字图书馆的贮藏量在理论上是无限制的，其文献数量远超任何一座传统图书馆。不过，任何形式的图书馆都不可能收集、储存所有的信息资源，不论传统图书馆还是数字图书馆，想要提高信息服务能力与服务质量，就必须积极与其他各级、各类图书馆进行合作，实现文献资源的共建共享。

综上所述，传统图书馆与数字图书馆各有一定的优势与不足，同时在很多方面，两者可以做到相互补充、彼此协调。因此，传统图书馆与数字图书馆发展到后面，终将找到一个平衡点，从而形成一种新型的复合图书馆，这种复合图书馆兼具传统图书馆与数字图书馆的优势，能够为读者提供更加全面、便捷的服务，更好地满足读者需求。

二、传统图书馆与数字图书馆相融共促的路径探索

将传统图书馆与数字图书馆进行资源整合与优势互补之后，将产生一种新型的复合图书馆，这种新型的复合图书馆并不是简单地将传统图书馆与数字图书馆的功能相叠加，而是取长补短、虚实共存，既能发挥传统图书馆与数字图书馆各自的优势又能突出整体优势。

传统图书馆与数字图书馆的相融共促可以从以下几个方面入手。

（一）整合信息资源配置

要实现信息资源配置的整合，首先要实现实体文献与数字文献的链接。用户还可以通过联机公共检索目录（OPAC）检索馆藏资源，这是实现馆藏资源与数字资源整合的重要方式之一。

公共图书馆的资源不可能绝对全面，对于那些不常见的阅读需求，图书馆一方面要有馆藏资源的储备，另一方面也可以通过馆际互借等方式满足读者需求，以降低文献数据入库与传递的成本，形成相对全面且系统的信息资源网络。

在传统图书馆与数字图书馆的融合过程中，公共图书馆不仅要考虑本馆的馆藏资源现状，还要对读者的阅读需求变化进行深入研究，以把握大众阅读行为规律，提供更加符合读者需求的服务。

（二）整合信息组织技术

传统的信息组织技术主要是基于内容的文献组织方法，如分类法与主题法等，这些组织方法具有全面性与准确性；而现代互联网的搜索引擎是基于网络自动检索技术的组织方法，具有便捷性的特点，受到广大用户的青睐，但其全面性与准确性都有待加强，因此需要对信息组织技术进行整合。

信息组织技术的整合包括两方面内容。一方面，图书馆学家与专业技术人员共同合作，研究并确定信息组织的实行方法，将现代先进技术与传统图书馆信息组织方法进行融合，在这个过程中，图书馆学家要参与数据制作并担任信息顾问，与专业技术人员共同开发并跟进图书数据库的管理系统建设，提高用户的检索效率。另一方面，图书馆学家还要不断关注前沿技术成果，将传统服务模式与先进技术相结合，优势互补，研究出效率更高、更准确的搜索引擎。

（三）整合用户服务

公共图书馆是为用户服务的，无论科技如何发展，这一点是毋庸置疑的。在网络信息环境下，公共图书馆的用户服务不断追求高效率、低成本与便捷化，因此图书馆要整合用户服务，比如借助各种新媒体平台开展服务，在线回答用户的咨询提问，提供远程登录服务，等等，使图书馆的用户服务从一对一转向一对多，最终实现用户与网络管理的有机结合。

（四）整合图书馆组织机构

对图书馆的组织机构进行整合，其目的是将传统的文献加工中心的服务模式，转变为技术中心、读者中心的服务模式。在传统图书馆时代，公共图书馆的主要服务功能是文献的阅读与外借，而在今天的互联网时代，"重藏轻用"已经不能满足现代社会的发展。

虚拟馆藏是基于信息技术的数字图书馆赖以生存的途径。公共图书馆将越来越重视信息技术的应用与相关人才的培养，传统的采访部与编目部可以合并为采编部门，该部门既负责传统文献的采编工作，也负责网络信息的收集、加工以及购买商业数据库资源等工作。

此外，在网络环境下，相关文献资源需要实现异地存取与共享，否则该资源就无法得到充分利用，因此公共图书馆需要增设数字化信息加工部门，创建图书馆门户网站，建立具有本馆特色的网络资源库，还要打造电子阅览室，使其与传统阅览室共同成为适应复合式图书馆的读者服务部门。

总之，传统图书馆与数字图书馆的融合绝不是简单的功能叠加，而是要实现两者内部各要素之间的有机结合，取长补短，彼此促进，发挥出各自优势与整体优势，体现整合的价值与作用。在这个过程中，既不能墨守成规，拒绝新技术的加入，也不能一味求新，全盘否定传统图书馆的优势，而应该不断适应社会的变化，顺应时代发展和读者需求，充分发挥传统图书馆长期积累的优势与现代信息技术的长处，形成开放、有序、统一的公共图书馆服务格局，最终实现复合图书馆功能的最大化。

第四节　新媒体背景下公共图书馆服务创新对策与发展路径

在新媒体背景下，公共图书馆想要提升社会影响力，更好地履行职责，就必须进行服务创新，否则其信息传递、文化传播等社会职能将会逐渐弱化，难以适应社会发展及民众精神文化的需要。公共图书馆的服务创新，不仅要开拓新媒体服务渠道，还要从理念上、思想上进行创新，并落实到行动上，为读者提供更快速便捷的服务。

一、新媒体背景下公共图书馆服务创新对策

根据公共图书馆服务创新动力机制的要求，新媒体背景下公共图书馆服务创新可以从以下几个方面寻求突破。

（一）通过市场细化，奠定公共图书馆服务创新的市场基础

现代服务业的发展取决于市场需求的驱动，因此，公共图书馆要积极寻找与本馆的服务理念、资源条件等相一致的细分市场，及时开展市场营销研究与信息采集等工作，在服务创新规划、服务模式创新等方面下功夫。此外，公共图书馆还要充分利用自身的信息资源优势，通过馆内业务重组与机构革新，积极开发个性化服务、特色化服务和集成化服务等新型服务项目，加快信息市场的开拓，提高图书馆的服务竞争力。

（二）融合现代科学技术，打下公共图书馆创新服务的技术基础

现代图书馆的发展离不开信息技术的发展，信息技术决定着公共图书馆进行信息加工与开展信息服务时所能采取的方式。因此，对公共图书馆而言，引入并应用新技术是服务创新的主要任务，其中数字图书馆技术尤为关键，数字图书馆技术是信息技术在图书馆领域的集中体现。公共图书馆应以现有

资源为基础，引入数字图书馆技术，充分利用资源数字化技术、网络传输技术、超大规模数据库技术、数据压缩技术、数据仓库技术、自然语言检索技术等，为公共图书馆提供服务创新一体化方案，逐步将图书馆的公共信息平台打造成与国际接轨的信息服务枢纽。

（三）通过合作共享，夯实公共图书馆服务创新的资源基础

首先，公共图书馆界要做好集约经营与系统调控，充分利用各个图书馆在技术、馆藏、服务等方面的优势，建立起高效的合作共享机制，最大限度地发挥聚集优势与规模优势，全面提升图书馆的服务质量。其次，我国公共图书馆界要加强与其他国家图书馆的信息服务合作，将各级图书馆打造成国际信息服务大平台上的一个节点，实现图书馆资源利用的最大化。最后，公共图书馆要积极开展跨界合作，比如与一些知名搜索引擎公司合作，让用户能够直接获取网站中的学术性、知识性内容；这样既能使图书馆的资源利用率得到提高，也能使搜索引擎的搜索结果更具科学性，从而满足不同用户的信息检索需求。这些跨地区、跨国家、跨领域的合作共享将成为公共图书馆服务创新的重要内容，能够夯实公共图书馆服务创新的信息资源基础。

（四）通过网络化架构，巩固公共图书馆服务创新的组织基础

首先，公共图书馆要采取一定措施，加大人才引进与人才培养的力度，充分发挥人才在公共图书馆服务创新建设中的作用。其次，公共图书馆要培养具有服务创新能力的管理人员，公共图书馆的服务创新是一种充满创造性与不确定性的工作，这就对公共图书馆的管理者提出了更高的要求，管理者要有眼光、有谋略、有管理能力与决策能力，还要善于组织和运用各种社会资源，实现服务创新要素的最佳配置。最后，公共图书馆界要充分发挥各级图书馆在协调组织、服务监督等方面的作用，注重公共图书馆服务创新体系的全面协调发展，完善公共图书馆的社会化网络关系，通过组织行业性的活动提高公共图书馆服务创新的整体水平与竞争力。

（五）强化政府在公共图书馆服务创新过程中的作用

政府可以制定公共图书馆行业的法律法规、产业政策，引导公共图书馆外源动力机制与内源动力机制相结合，共同促进公共图书馆服务创新发展与我国图书馆事业的全面发展。在制定公共图书馆行业相关法律法规的过程中，政府要对公共图书馆行业进行全面的测评，了解公共图书馆在服务工作中的

优势与不足，研究公共图书馆行业的动力机制与发展规律，从而建立起科学的政策评价体系，并根据评价结果对公共图书馆工作中的不足之处进行调整。在政府的主导与推动下，公共图书馆的服务创新工作一定会迅速向前发展，公共图书馆将更好地满足民众文化需求与信息需求。

公共图书馆服务创新不是盲目地改革与变动，而是有着深刻的实践动因，不断适应社会发展的需求。因此，公共图书馆服务创新要以科学理论为指导，做到科学、合理、可行、实用，实现图书馆为社会大众服务的价值。

二、新媒体背景下公共图书馆服务创新发展路径

（一）开展多元化的图书馆服务方式

在新媒体背景下，大众阅读的内容与范围不断延伸，阅读媒介也日益丰富，公共图书馆的阅读服务需要做到与时俱进，才能满足现代读者的多样化需求。公共图书馆要积极利用现代信息技术，创新服务手段，提高服务水平，开展多层次、多形式的服务活动，满足读者的多元化阅读需求，从而提升自身的服务能力与综合能力，提高大众对图书馆的满意度，同时提升公共图书馆的社会影响力。

在新媒体背景下，公共图书馆的多元化阅读服务方式有三个方面。公共图书馆的多元化阅读服务方式如图 7-3 所示。

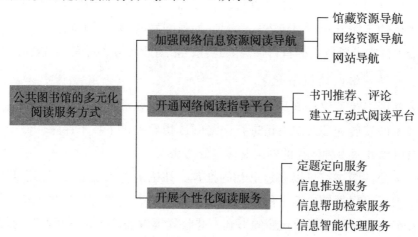

图 7-3　公共图书馆的多元化阅读服务方式

1.加强网络信息资源阅读导航

网络上有着十分丰富的信息资源，但是这些信息的质量良莠不齐。为了给读者提供更好的阅读服务，公共图书馆要对网络信息资源进行必要的筛选和整理工作，加强网络信息资源阅读导航，以便读者快速找到自己所需的资源。网络信息资源阅读导航主要包括馆藏资源导航、网络资源导航与网站导航三个部分。

（1）馆藏资源导航。馆藏资源是公共图书馆的宝贵财富，特别是其中有价值、有特色的资源，公共图书馆要有针对性、有重点、有选择地在官网上为读者推荐和介绍，引导读者浏览馆藏中各个数据库的信息资源。

（2）网络资源导航。在新媒体背景下，传统文献资源的数字化与新的数字化资源的出现，都使网络信息资源越来越丰富，但这也导致了文献检索的不便，同时促进了各种搜索引擎的产生。公共图书馆要积极主动地对网络资源进行分析、评价、选择、加工、整理，建立网络资源导航与联机检索系统，根据大众的阅读需求以及信息的价值，提供集成化的信息检索界面，方便读者检索与利用信息。网络资源是丰富的信息来源，公共图书馆对网络资源的开发和利用可以最大限度地满足不同读者的阅读需求。

（3）网站导航。建立网站导航是公共图书馆提升网络资源利用价值的重要手段之一。向读者推荐热门站点或与其浏览习惯相关的站点，是网络中十分常见的导读方式，也是十分直接、有效的导读方式。公共图书馆可以向现代新媒体的传播方式与引流方式学习，加强网站的浏览导航功能，这样可以有效避免读者浏览网页的盲目性与随意性，帮助读者节省时间、高效阅读。

2.开通网络阅读指导平台

公共图书馆不仅要满足大众的阅读需求，还要承担阅读指导的职责。新媒体技术的发展为公共图书馆进行网络阅读指导提供了技术保障，使得公共图书馆可以开通多种途径的网络阅读指导服务。

（1）公共图书馆可以通过书刊的推荐、评论等对大众进行阅读引导。公共图书馆可以根据馆内藏书的借阅记录，制作图书借阅排行榜并在新媒体平台上发布，向读者介绍受欢迎的书刊，并收集读者评论作为书刊推荐的依据。公共图书馆还可以提供推荐书目的下载服务，帮助读者利用好图书馆的馆藏资源，使读者随时随地都能进行阅读活动。比如，一些公共图书馆会在官网开设"读者园地"之类的栏目，通过这个栏目可以了解当前大众关注的热点与大众的阅读倾向，进而对读者的阅读进行针对性指导，避免其阅读的盲目性与随机性。

另外，书评是一种重要的导读手段，书评在传播图书信息、引导读者阅读、帮助读者理解等方面有着重要的作用。公共图书馆可以收集符合本馆馆藏条件的书评信息与资源，建立书评信息资源库，帮助读者有目的性、有针对性地选择阅读书目。

（2）公共图书馆可以建立互动式的阅读平台与读者进行交流，倾听读者的心声与建议。现代读者的阅读方式已经从传统文本的线性阅读方式转变为超文本的非线性阅读方式，从单纯的文字阅读转变为视听兼备的多媒体阅读，从单向接受式阅读转变为检索式、互动式阅读。公共图书馆也要准确把握现代读者的阅读特点，积极进行服务创新。

公共图书馆可以建立自己的读者群，利用手机、电脑等媒介，通过 QQ、微信、微博、论坛等途径，与读者进行互动交流，对读者在阅读中遇到的问题进行指导，同时了解读者的阅读倾向，及时掌握当下的阅读动态，提供相应的阅读指导。这种互动式的阅读指导平台，可以实现公共图书馆馆员与读者的实时沟通，不仅有利于读者筛选和甄别阅读信息，还有助于促进大众阅读推广。

3. 开展个性化阅读服务

新媒体技术的发展为公共图书馆满足读者千差万别的个性化需求提供了实现条件。个性化阅读服务是一种新型的服务模式，也是新媒体技术应用于公共图书馆阅读服务的有效途径，可以满足大众的普遍需求与某些特定主题的需求。

公共图书馆的个性化阅读服务可以帮助读者更好地利用图书馆的文献资源，满足大众多样化的阅读需求，提升阅读服务的质量。

公共图书馆提供个性化阅读服务的方式有很多，目前能够提供的主要包括：定题定向服务、信息推送服务、信息帮助检索服务、信息智能代理服务等。

（1）定题定向服务。定题定向服务，指公共图书馆根据特定用户对某一学科领域的信息需求确定服务主题，并围绕这一主题进行信息的收集、筛选和整理，最终以定期或不定期的形式提供给用户。这是一种决策支持服务的模式，也是传统的定题定向情报服务在新媒体背景下的进一步深化。

在馆藏资源数字化的过程中，公共图书馆可以运用检索技术对信息进行快速的检索、加工与整合，生产出符合用户需求的信息产品。公共图书馆还可以根据读者的阅读需求，开发与建设信息产品数据库，用于存储信息服务产品，进一步简化服务程序、提高服务效率。

（2）信息推送服务。信息推送服务是在定题定向服务的基础上，运用大数据推送技术开展的一种新型服务。这种服务通过一定的标准和协议，借助互联网或数字电视等媒介，按照用户要求，向用户主动推送其所需的信息。新媒体背景下的信息推送服务是传统定题定向服务的延伸与扩展，是新媒体背景下个性化阅读服务的基础性技术支撑。

信息推送服务最大的特点，就是实现了用户一次性输入请求，就可以定期地、不断地接收到最新的信息。信息推送服务通常包括由智能软件完成的全自动信息推送服务和人工邮件式推送服务这两大类。

（3）信息帮助检索服务。现代公共图书馆个性化阅读服务发展的重要内容之一就是帮助用户进行高效的信息检索。目前学者们对这一服务的研究更多是通过研究读者检索行为的特点，设计相应的智能检索辅助软件来帮助用户进行信息检索。

研究表明，大多数用户在进行信息检索时并不能完整、准确地表达他们的信息需求或搜索目的，而会在搜索过程中不断调整搜索内容与表达方式。因此，一个良好的信息检索系统应该允许用户进行多次操作，并能够根据用户的表达找到相关性更高的内容。比如，当用户输入某个检索词，系统应该同时提供与该词有关联的词组以供用户选择，这样既可以帮助用户更精准地找到自己需要的检索结果，又能提高信息检索的准确度。

（4）信息智能代理服务。用户在检索信息时，有时对自己的需求并不是很明确，有时虽然知道自己的需求但是无法准确表达，甚至一些用户在填写兴趣表单时给的答案也模棱两可，这就使得公共图书馆无法快速准确地给予用户相应的服务。

信息智能代理服务可以在一定程度上解决这类问题，它是一种智能计算机系统，可以模仿人的行为完成某些任务，不需要或很少需要用户的干预、指导就可以执行委托任务。公共图书馆的信息智能代理服务通过利用某些智能代理软件，根据用户设定的关键词等检索条件，自动在图书馆官网或互联网中搜索可能符合用户阅读习惯的信息，并将这些信息传递给用户，实现主动化、个性化服务。

（二）推动公共图书馆延伸服务，形成全网全域覆盖服务

实现服务网络的全覆盖是提高大众阅读率的前提。在新媒体背景下，我国各级公共图书馆的资源保障能力、技术和服务水平还有待提高，因此要积极推动公共图书馆延伸服务，实现各级公共图书馆在资源与服务上的有效整合和统筹发展，构建公共图书馆馆内服务与馆外流动服务相互补充的格局，引导更多读者进入图书馆，使用图书馆，充分发挥公共图书馆的各项功能。

公共图书馆延伸服务方式如图 7-4 所示。

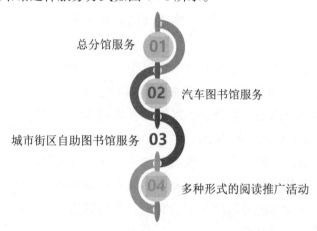

图 7-4　公共图书馆延伸服务方式

1. 总分馆服务

在新媒体背景下，大众阅读需求日益多样化，读者对公共图书馆的环境、技术、服务内容、服务方式等都提出了更高要求，现有的公共图书馆数量已不能满足大众的阅读需求。要想让所有人都享受到公共图书馆的服务，就要合理地构建分馆。

总分馆制是在不改变各图书馆的行政隶属、人事关系、财政关系的前提下，以一个规模较大、文献丰富、技术较强的图书馆为总馆，以其他在某些方面与该图书馆有共同利益关系的图书馆为分馆，根据资源共享的需要，形成类似总分关系的合作机制。

实行总分馆制是新媒体背景下我国构建公共图书馆服务体系，实现文化资源平等，惠及全体人民的先进的服务与管理模式。比如，北京全市已经形成了以首都图书馆为中心馆、各区、县级图书馆为分馆、各级图书馆共同参与的服务网络，实现了三级互联与"一卡通"服务，极大地方便了读者的阅读活动。此外，上海、深圳、苏州等城市都建立起了总分馆模式的公共图书馆服务体系，使公共图书馆的服务范围得到了进一步拓展与延伸，对大众阅读产生了有益的影响。

2.汽车图书馆服务

汽车图书馆，一般指装有书架、借书桌等设备，配有笔记本电脑、投影仪、监控等设备，为读者提供图书借阅服务的汽车。汽车图书馆可以采用无线上网技术，与中心图书馆互联，实现通借通还，还可以进行现场办证、查询等操作。

汽车图书馆是大、中型公共图书馆采用的一种馆外流通服务方式，也是公共图书馆为大众阅读进一步提供服务延伸的重要环节。通过移动的汽车，公共图书馆可以将图书、期刊、多媒体视听资料送至距离图书馆较远、当地暂时没有图书馆的地区，使当地读者可以更方便地阅读，满足其阅读需求。

汽车图书馆运行的时间、路线通常都会在网上提前发布，读者可以通过互联网平台了解其行驶信息，安排好图书借阅活动的时间。汽车图书馆服务可以为读者节省大量的往返图书馆的时间，节约其读书的成本，方便读者的阅读活动，促进全民阅读。

3.城市街区自助图书馆服务

城市街区自助图书馆，是一项依靠自动化、集成化技术，在街区设立小型自助图书馆的创新工程。读者可以通过城市街区自助图书馆的服务指南，进行查询、借阅、还书等服务。城市街区自助图书馆的服务模式具有网络化、自助化、社会化的特点，使图书馆的服务更加便利与平等，既方便了读者，也提升了公共图书馆的形象。城市街区自助图书馆服务项目如图7-5所示。

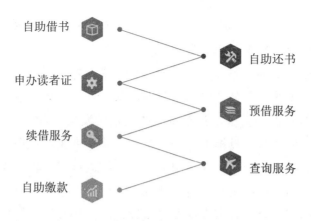

图 7-5　城市街区自助图书馆服务项目

街区自助图书馆的出现引发了公共图书馆在业务方面的一系列变革：第一，创新了公共图书馆的技术手段，使公共图书馆从数字化、自动化变得人性化、智能化；第二，改变了图书馆的服务模式，实现了图书馆服务时间、服务地点的延伸与资源的流动，如很多城市街区自助图书馆都是 24 小时服务的；第三，创新了公共图书馆的建设模式，借助互联网技术将公共图书馆带到了读者身边，与基层图书馆功能互补，节省了图书馆的建设成本；第四，改善了公共图书馆的管理与运营模式，将中心管理和社会化管理有机结合，通过科学布点与运营管理，提高了公共图书馆整体的服务质量。

4. 多种形式的阅读推广活动

公共图书馆以其深厚的文化底蕴成为了构建阅读社会的主阵地，引导大众的阅读行为是公共图书馆促进全民阅读的核心工作。在新媒体背景下，公共图书馆仍然承担着引导读者进行深度阅读的重要职责。公共图书馆要善于运用馆藏文献，梳理经典的理论与知识脉络，发挥自身的专业性与权威性，吸引大众参与到阅读活动中来，为读者提供更好的阅读服务。

公共图书馆要充分了解读者的阅读需求与大众的阅读特点，并以此为依据，主动开展丰富多样的读书活动，尽可能吸引更多读者走进图书馆，提高图书馆的资源利用率。比如，公共图书馆可以举办读书讲座、读书会等活动，培养读者的阅读兴趣，引导大众的阅读方向，激发大众的阅读热情。

2021 年 6 月，文化和旅游部发布了《"十四五"公共文化服务体系建设规划》（以下简称《规划》）。《规划》指出，2019 年，全国公共图书馆为读者举办各类活动 19.57 万次，到 2025 年，预计达到 25 ~ 35 万次，这一目标充分显示了我国对公共图书馆阅读活动的重视。

公共图书馆的主要任务与核心服务内容就是指导大众阅读、创建阅读社会，这也是新媒体背景下公共图书馆服务创新的发展方向，也是公共图书馆在新时期生存与发展的需求。随着新媒体技术的发展与新媒体终端的普及，大众对新媒体的依赖程度日渐上升，因此，公共图书馆要把握住新媒体技术带来的发展机遇，积极利用新媒体渠道，开展阅读推广工作，提高新媒体服务质量。公共图书馆要明确自身定位和社会责任，顺应时代发展，将阅读推广工作与新媒体相结合，吸引大众参与阅读活动，提高图书馆馆藏资源的利用率，努力满足大众的阅读需求。

参考文献

[1] 李芬林，王小林，尹琼．公共图书馆读者工作 [M]. 兰州：甘肃文化出版社，2013.

[2] 于青．公共图书馆微博服务研究 [M]. 南京：东南大学出版社，2014.

[3] 董伟．新媒体时代图书馆管理与服务研究 [M]. 长春：吉林人民出版社，2019.

[4] 肖佐刚，杨秀丹．图书馆科普阅读推广 [M]. 北京：朝华出版社，2020.

[5] 李玉梅，王沛战．新媒体环境下大众阅读行为与公共图书馆对策 [M]. 天津：天津人民出版社，2014.

[6] 李明．高校图书馆阅读推广研究 [M]. 北京：朝华出版社，2019.

[7] 杨琳．高校图书馆管理与阅读服务模式创新 [M]. 长春：吉林人民出版社，2019.

[8] 李琳．高校图书馆阅读推广与宣传促进研究 [M]. 长春：吉林人民出版社，2019.

[9] 郭欣萍．读书方法与图书馆阅读推广 [M]. 北京：朝华出版社，2020.

[10] 吴晞．图书馆阅读推广基础理论 [M]. 北京：朝华出版社，2015.

[11] 王敏，吕巧枝．图书馆服务创新与育人：基于高职院校的实践 [M]. 北京：中国农业出版社，2019.

[12] 陈三保．新形势下图书馆服务与创新 [M]. 昆明：云南科技出版社，2018.

[13] 杨静，景玉枝．数字图书馆服务与管理 [M]. 赤峰：内蒙古科学技术出版社，2016.

[14] 朵雄草．公共图书馆为社会弱势群体提供知识服务的探讨 [J]. 科技传播，2022，14(1)：36–39.

[15] 张长河．网络环境下图书馆借阅流通服务创新思考 [J]. 科技视界，2022(1)：66–67.

[16] 柴会明．图书馆信息网络传播权限制与例外研究：缘起、现状与走向 [J]. 山东图书馆学刊，2021(6)：53–59，84.

[17] 范红梅.数字经济背景下图书馆信息咨询服务发展策略 [J].办公室业务,2021(24): 120-121.

[18] 柏鹏英.论智慧图书馆阅读推广创新 [J].城建档案,2021(12):156-157.

[19] 万子琛,鄢小燕,朱冬亮.智慧图书馆科研支持服务模式构建研究 [J].图书情报导刊,2021,6(12):7-15.

[20] 周懿琼,边晓红.公共图书馆读者证管理及智慧化发展探析 [J].图书馆学研究,2021(24):31-41.

[21] 郑清.融合新媒体优势提升图书馆服务水平 [J].中小学实验与装备,2021, 31(6):48-49.

[22] 刘星,魏巧玲.新媒体环境下的图书馆阅读推广服务 [J].文化月刊,2021(12): 118-119.

[23] 王敏.大数据时代图书馆文献资源管理途径 [J].商业文化,2021(35):56-57.

[24] 宋茹艳.新媒体背景下公共图书馆读者服务的创新探究 [J].内蒙古科技与经济,2021(21):153-154.

[25] 蒋念.新媒体时代下图书馆服务的拓展与深化研究 [J].采写编,2021(11):186-188.

[26] 贺琰.全民阅读背景下图书馆阅读推广及策略分析 [J].山西青年,2021(20):18-19.

[27] 刘旭青,刘培旺,柯平,等.面向全民阅读的公共图书馆阅读推广评估标准研究 [J].国家图书馆学刊,2021,30(5):47-55.

[28] 邓雅升.全民阅读视域下图书馆阅读推广特征及趋势分析 [J].兰台内外,2021(28): 67-69.

[29] 李雪梅.新媒体背景下公共图书馆读者服务的创新探究 [J].传媒论坛,2021, 4(17):144-145.

[30] 庞彩云.全民阅读背景下阅读推广联盟的构建模式与发展路径研究 [J].山东图书馆学刊,2021(4):12-15,34.

[31] 潘文君.互联网时代数字图书馆服务现状探析 [J].兰台内外,2021(22):67-69.

[32] 王金.新媒体下阅读方式的转变与公共图书馆的服务对策 [J].现代交际,2021(13): 254-256.

[33] 王瑶.公共图书馆的新媒体服务现状与趋势 [J].传媒论坛,2021,4(13):141-142.

[34] 李静.公共图书馆全民阅读推广的服务模式探究[J].传媒论坛,2021,4(12)：
     141-142.

[35] 张伟红.新媒体环境下高校图书馆服务优化路径研究[J].出版广角,2021(10)：
     88-90.

[36] 宁晨.新媒体传播手段与传播形态的特征分析[J].记者观察,2021(17)：114-115.

[37] 左平熙.新媒体时代高校图书馆提高读者服务质量策略研究[J].办公室业
     务,2021(3)：172-174.

[38] 郭亚祥.新媒体环境下图书馆读者服务工作创新路径探究[J].兰台内外,2021(2)：
     46-48.

[39] 徐晓丽.新媒体时代下图书馆服务创新与发展研究[J].新闻前哨,2020(12)：
     101-102.

[40] 周玉英.公共图书馆全民阅读推广活动策略研究[J].文化创新比较研究,2020,4(34)：
     181-183.

[41] 李思墨.公共图书馆推广全民阅读的服务模式探析[J].参花(上),2020(12)：
     121-122.

[42] 刘灵芝,陈书梅.全民阅读推广与书香社会建设主体责任解析[J].中国经贸导刊
     (中),2020(11)：173-174.

[43] 佟文君.新媒体视角下高校图书馆服务研究[J].图书馆学刊,2020,42(9)：47-49.

[44] 肖志丹.新媒体在图书馆经典阅读服务中的应用研究[J].河南图书馆学
     刊,2019,39(12)：16-17,28.

[45] 邸春姝,过仕明,王爱荣,等.数字图书馆服务平台功能需求分析[J].情报科
     学,2020,38(4)：97-100,146.

[46] 陈凤斌.浅谈数字图书馆服务新理念[J].知识文库,2018,(7)：200.

[47] 于建红.新媒体传播特征研究[J].传播与版权,2014,(10)：89,97.

[48] 张淑平.新媒体传播的手段与特征[J].西部广播电视,2013,(17)：11-12,18.

[49] 魏春艳.全民阅读背景下图书馆阅读推广研究[J].文化月刊,2022(3)：97-99.

[50] 夏爱农.网络时代图书馆服务创新研究[J].文化产业,2022(7)：103-105.

[51] 刘贤忠.阅读推广背景下图书馆空间再造研究[J].文化产业,2022(5)：96-98.

[52] 邓杰明.《公共图书馆法》表达与实践的实证研究[J].国家图书馆学刊,2022,
     31(1)：13-21.

[53] 吴智丹.公共文化视角下图书馆阅读推广制度建设研究[J].河南图书馆学刊,2022,

42(2)：11–12，15.

[54] 姜伟.公共图书馆全民阅读推广研究 [J].兰台内外,2022(4)：70–72.

[55] 郑巧.网络化图书馆的信息资源建设方法探索 [J].产业与科技论坛,2022,21(4)：275–276.

[56] 周沛.公共图书馆管理现状、问题及对策研究 [J].产业与科技论坛,2022,21(4)：277–278.

[57] 刘丽娜.我国公共图书教育职能更迭研究 [J].江苏科技信息,2022,39(2)：5–7.

[58] 侯亚利.公共图书馆提升读者服务质量的策略分析 [J].品位·经典,2022(1)：58–61.

[59] 叶良琴.图书馆加强阅读推广的途径 [J].新阅读,2022(1)：69–70.

[60] 许芳.新媒体在图书馆阅读服务中的运用 [J].采写编,2022(1)：185–186.

[61] 周宇麟,沈昕,童桉.公共图书馆融合发展研究综述[J].图书馆研究与工作,2022(1)：57–62.

[62] 尚红梅.公共图书馆文化服务创新研究：以山东省图书馆为例 [D].济南：山东大学,2021.

[63] 张静.数字化时代下图书馆的知识服务模式创新：以嘉兴图书馆为例 [D].杭州：浙江传媒学院,2021.

[64] 陈丹.新时代公共图书馆馆员专业素养研究 [D].湘潭：湘潭大学,2021.

[65] 朱玲.社区图书馆服务可及性研究 [D].湘潭：湘潭大学,2021.

[66] 李承阳.菏泽市公共图书馆文化服务能力提升研究 [D].乌鲁木齐：新疆大学,2021.

[67] 莫慕璇.大数据时代高校图书馆数据素养教育研究 [D].贵阳：贵州财经大学,2021.

[68] 杨晓梅.我国公共图书馆在线教育服务研究 [D].哈尔滨：黑龙江大学,2021.

[69] 张薇.新世纪我国公共图书馆立法成就与未来发展研究 [D].哈尔滨：黑龙江大学,2021.

[70] 崔宇婷.我国省级公共图书馆特色数据库建设与发展研究 [D].哈尔滨：黑龙江大学,2021.

[71] 王鑫.公共图书馆抖音账号运营及优化策略 [D].保定：河北大学,2021.

[72] 王睿.公共图书馆主题分馆建设模式研究 [D].长春：东北师范大学,2021.

[73] 苏子君.公共图书馆家庭阅读推广策略研究 [D].长春：长春师范大学,2021.

[74] 杨宇哲.公共图书馆阅读推广服务创新研究：以 N 图书馆为例 [D].南昌：南昌

大学 ,2021.

[75] 晋培茹 . 我国公共图书馆服务体系标准研究 [D]. 沈阳：辽宁大学 ,2021.

[76] 张玲玲 . 我国省级公共图书馆功能定位研究 [D]. 哈尔滨：黑龙江大学 ,2021.

[77] 刘洁 . 微信小程序在图书馆的应用研究 [D]. 合肥：安徽大学 ,2021.

[78] 刘倩 . 新媒体环境下高校图书馆学科服务提升策略研究 [D]. 湘潭: 湘潭大学 ,2020.

[79] 陈柯欣 . 图书馆公共数字文化服务能力评价研究 [D]. 长春：吉林大学 ,2020.

[80] 刘春晖 . 新媒体语境下高校图书馆数字阅读推广策略研究 [D]. 哈尔滨：哈尔滨
     工业大学 ,2017.

[81] 徐童童 . 公共图书馆服务创新的理论与实践研究 [D]. 上海：华东师范大学 ,2017.

[82] 王现忠 . 新媒体环境下图书馆信息服务研究 [D]. 保定：河北大学 ,2013.

[83] 靳佳丽 . 高校图书馆新媒体服务质量评价研究 [D]. 郑州 : 郑州大学 ,2016.

附录 《中华人民共和国公共图书馆法》

（2017 年 11 月 4 日第十二届全国人民代表大会常务委员会第三十次会议通过）

第一章 总则

第一条 为了促进公共图书馆事业发展，发挥公共图书馆功能，保障公民基本文化权益，提高公民科学文化素质和社会文明程度，传承人类文明，坚定文化自信，制定本法。

第二条 本法所称公共图书馆，是指向社会公众免费开放，收集、整理、保存文献信息并提供查询、借阅及相关服务，开展社会教育的公共文化设施。

前款规定的文献信息包括图书报刊、音像制品、缩微制品、数字资源等。

第三条 公共图书馆是社会主义公共文化服务体系的重要组成部分，应当将推动、引导、服务全民阅读作为重要任务。

公共图书馆应当坚持社会主义先进文化前进方向，坚持以人民为中心，坚持以社会主义核心价值观为引领，传承发展中华优秀传统文化，继承革命文化，发展社会主义先进文化。

第四条 县级以上人民政府应当将公共图书馆事业纳入本级国民经济和社会发展规划，将公共图书馆建设纳入城乡规划和土地利用总体规划，加大对政府设立的公共图书馆的投入，将所需经费列入本级政府预算，并及时、足额拨付。

国家鼓励公民、法人和其他组织自筹资金设立公共图书馆。县级以上人民政府应当积极调动社会力量参与公共图书馆建设，并按照国家有关规定给予政策扶持。

第五条 国务院文化主管部门负责全国公共图书馆的管理工作。国务院其他有关部门在各自职责范围内负责与公共图书馆管理有关的工作。

县级以上地方人民政府文化主管部门负责本行政区域内公共图书馆的管理工作。县级以上地方人民政府其他有关部门在各自职责范围内负责本行政区域内与公共图书馆管理有关的工作。

第六条　国家鼓励公民、法人和其他组织依法向公共图书馆捐赠，并依法给予税收优惠。

境外自然人、法人和其他组织可以依照有关法律、行政法规的规定，通过捐赠方式参与境内公共图书馆建设。

第七条　国家扶持革命老区、民族地区、边疆地区和贫困地区公共图书馆事业的发展。

第八条　国家鼓励和支持发挥科技在公共图书馆建设、管理和服务中的作用，推动运用现代信息技术和传播技术，提高公共图书馆的服务效能。

第九条　国家鼓励和支持在公共图书馆领域开展国际交流与合作。

第十条　公共图书馆应当遵守有关知识产权保护的法律、行政法规规定，依法保护和使用文献信息。

馆藏文献信息属于文物、档案或者国家秘密的，公共图书馆应当遵守有关文物保护、档案管理或者保守国家秘密的法律、行政法规规定。

第十一条　公共图书馆行业组织应当依法制定行业规范，加强行业自律，维护会员合法权益，指导、督促会员提高服务质量。

第十二条　对在公共图书馆事业发展中作出突出贡献的组织和个人，按照国家有关规定给予表彰和奖励。

第二章　设立

第十三条　国家建立覆盖城乡、便捷实用的公共图书馆服务网络。公共图书馆服务网络建设坚持政府主导，鼓励社会参与。

县级以上地方人民政府应当根据本行政区域内人口数量、人口分布、环境和交通条件等因素，因地制宜确定公共图书馆的数量、规模、结构和分布，加强固定馆舍和流动服务设施、自助服务设施建设。

第十四条　县级以上人民政府应当设立公共图书馆。

地方人民政府应当充分利用乡镇（街道）和村（社区）的综合服务设施设立图书室，服务城乡居民。

第十五条　设立公共图书馆应当具备下列条件：

（一）章程；

（二）固定的馆址；

（三）与其功能相适应的馆舍面积、阅览座席、文献信息和设施设备；

（四）与其功能、馆藏规模等相适应的工作人员；

（五）必要的办馆资金和稳定的运行经费来源；

（六）安全保障设施、制度及应急预案。

第十六条 公共图书馆章程应当包括名称、馆址、办馆宗旨、业务范围、管理制度及有关规则、终止程序和剩余财产的处理方案等事项。

第十七条 公共图书馆的设立、变更、终止应当按照国家有关规定办理登记手续。

第十八条 省、自治区、直辖市人民政府文化主管部门应当在其网站上及时公布本行政区域内公共图书馆的名称、馆址、联系方式、馆藏文献信息概况、主要服务内容和方式等信息。

第十九条 政府设立的公共图书馆馆长应当具备相应的文化水平、专业知识和组织管理能力。

公共图书馆应当根据其功能、馆藏规模、馆舍面积、服务范围及服务人口等因素配备相应的工作人员。公共图书馆工作人员应当具备相应的专业知识与技能，其中专业技术人员可以按照国家有关规定评定专业技术职称。

第二十条 公共图书馆可以以捐赠者姓名、名称命名文献信息专藏或者专题活动。

公民、法人和其他组织设立的公共图书馆，可以以捐赠者的姓名、名称命名公共图书馆、公共图书馆馆舍或者其他设施。

以捐赠者姓名、名称命名应当遵守有关法律、行政法规的规定，符合国家利益和社会公共利益，遵循公序良俗。

第二十一条 公共图书馆终止的，应当依照有关法律、行政法规的规定处理其剩余财产。

第二十二条 国家设立国家图书馆，主要承担国家文献信息战略保存、国家书目和联合目录编制、为国家立法和决策服务、组织全国古籍保护、开展图书馆发展研究和国际交流、为其他图书馆提供业务指导和技术支持等职能。国家图书馆同时具有本法规定的公共图书馆的功能。

第三章 运行

第二十三条 国家推动公共图书馆建立健全法人治理结构，吸收有关方面代表、专业人士和社会公众参与管理。

第二十四条　公共图书馆应当根据办馆宗旨和服务对象的需求，广泛收集文献信息；政府设立的公共图书馆还应当系统收集地方文献信息，保存和传承地方文化。

文献信息的收集应当遵守有关法律、行政法规的规定。

第二十五条　公共图书馆可以通过采购、接受交存或者捐赠等合法方式收集文献信息。

第二十六条　出版单位应当按照国家有关规定向国家图书馆和所在地省级公共图书馆交存正式出版物。

第二十七条　公共图书馆应当按照国家公布的标准、规范对馆藏文献信息进行整理，建立馆藏文献信息目录，并依法通过其网站或者其他方式向社会公开。

第二十八条　公共图书馆应当妥善保存馆藏文献信息，不得随意处置；确需处置的，应当遵守国务院文化主管部门有关处置文献信息的规定。

公共图书馆应当配备防火、防盗等设施，并按照国家有关规定和标准对古籍和其他珍贵、易损文献信息采取专门的保护措施，确保安全。

第二十九条　公共图书馆应当定期对其设施设备进行检查维护，确保正常运行。

公共图书馆的设施设备场地不得用于与其服务无关的商业经营活动。

第三十条　公共图书馆应当加强馆际交流与合作。国家支持公共图书馆开展联合采购、联合编目、联合服务，实现文献信息的共建共享，促进文献信息的有效利用。

第三十一条　县级人民政府应当因地制宜建立符合当地特点的以县级公共图书馆为总馆，乡镇（街道）综合文化站、村（社区）图书室等为分馆或者基层服务点的总分馆制，完善数字化、网络化服务体系和配送体系，实现通借通还，促进公共图书馆服务向城乡基层延伸。总馆应当加强对分馆和基层服务点的业务指导。

第三十二条　公共图书馆馆藏文献信息属于档案、文物的，公共图书馆可以与档案馆、博物馆、纪念馆等单位相互交换重复件、复制件或者目录，联合举办展览，共同编辑出版有关史料或者进行史料研究。

第四章 服务

第三十三条 公共图书馆应当按照平等、开放、共享的要求向社会公众提供服务。

公共图书馆应当免费向社会公众提供下列服务：

（一）文献信息查询、借阅；

（二）阅览室、自习室等公共空间设施场地开放；

（三）公益性讲座、阅读推广、培训、展览；

（四）国家规定的其他免费服务项目。

第三十四条 政府设立的公共图书馆应当设置少年儿童阅览区域，根据少年儿童的特点配备相应的专业人员，开展面向少年儿童的阅读指导和社会教育活动，并为学校开展有关课外活动提供支持。有条件的地区可以单独设立少年儿童图书馆。

政府设立的公共图书馆应当考虑老年人、残疾人等群体的特点，积极创造条件，提供适合其需要的文献信息、无障碍设施设备和服务等。

第三十五条 政府设立的公共图书馆应当根据自身条件，为国家机关制定法律、法规、政策和开展有关问题研究，提供文献信息和相关咨询服务。

第三十六条 公共图书馆应当通过开展阅读指导、读书交流、演讲诵读、图书互换共享等活动，推广全民阅读。

第三十七条 公共图书馆向社会公众提供文献信息，应当遵守有关法律、行政法规的规定，不得向未成年人提供内容不适宜的文献信息。

公共图书馆不得从事或者允许其他组织、个人在馆内从事危害国家安全、损害社会公共利益和其他违反法律法规的活动。

第三十八条 公共图书馆应当通过其网站或者其他方式向社会公告本馆的服务内容、开放时间、借阅规则等；因故闭馆或者更改开放时间的，除遇不可抗力外，应当提前公告。

公共图书馆在公休日应当开放，在国家法定节假日应当有开放时间。

第三十九条 政府设立的公共图书馆应当通过流动服务设施、自助服务设施等为社会公众提供便捷服务。

第四十条 国家构建标准统一、互联互通的公共图书馆数字服务网络，支持数字阅读产品开发和数字资源保存技术研究，推动公共图书馆利用数字化、网络化技术向社会公众提供便捷服务。

政府设立的公共图书馆应当加强数字资源建设、配备相应的设施设备，建立线上线下相结合的文献信息共享平台，为社会公众提供优质服务。

第四十一条 政府设立的公共图书馆应当加强馆内古籍的保护，根据自身条件采用数字化、影印或者缩微技术等推进古籍的整理、出版和研究利用，并通过巡回展览、公益性讲座、善本再造、创意产品开发等方式，加强古籍宣传，传承发展中华优秀传统文化。

第四十二条 公共图书馆应当改善服务条件、提高服务水平，定期公告服务开展情况，听取读者意见，建立投诉渠道，完善反馈机制，接受社会监督。

第四十三条 公共图书馆应当妥善保护读者的个人信息、借阅信息以及其他可能涉及读者隐私的信息，不得出售或者以其他方式非法向他人提供。

第四十四条 读者应当遵守公共图书馆的相关规定，自觉维护公共图书馆秩序，爱护公共图书馆的文献信息、设施设备，合法利用文献信息；借阅文献信息的，应当按照规定时限归还。

对破坏公共图书馆文献信息、设施设备，或者扰乱公共图书馆秩序的，公共图书馆工作人员有权予以劝阻、制止；经劝阻、制止无效的，公共图书馆可以停止为其提供服务。

第四十五条 国家采取政府购买服务等措施，对公民、法人和其他组织设立的公共图书馆提供服务给予扶持。

第四十六条 国家鼓励公民参与公共图书馆志愿服务。县级以上人民政府文化主管部门应当对公共图书馆志愿服务给予必要的指导和支持。

第四十七条 国务院文化主管部门和省、自治区、直辖市人民政府文化主管部门应当制定公共图书馆服务规范，对公共图书馆的服务质量和水平进行考核。考核应当吸收社会公众参与。考核结果应当向社会公布，并作为对公共图书馆给予补贴或者奖励等的依据。

第四十八条 国家支持公共图书馆加强与学校图书馆、科研机构图书馆以及其他类型图书馆的交流与合作，开展联合服务。

国家支持学校图书馆、科研机构图书馆以及其他类型图书馆向社会公众开放。

第五章 法律责任

第四十九条 公共图书馆从事或者允许其他组织、个人在馆内从事危害国家安全、损害社会公共利益活动的，由文化主管部门责令改正，没收违法所得；情节严重的，可以责令停业整顿、关闭；对直接负责的主管人员和其他直接责任人员依法追究法律责任。

第五十条 公共图书馆及其工作人员有下列行为之一的，由文化主管部门责令改正，没收违法所得：

（一）违规处置文献信息；

（二）出售或者以其他方式非法向他人提供读者的个人信息、借阅信息以及其他可能涉及读者隐私的信息；

（三）向社会公众提供文献信息违反有关法律、行政法规的规定，或者向未成年人提供内容不适宜的文献信息；

（四）将设施设备场地用于与公共图书馆服务无关的商业经营活动；

（五）其他不履行本法规定的公共图书馆服务要求的行为。

公共图书馆及其工作人员对应当免费提供的服务收费或者变相收费的，由价格主管部门依照前款规定给予处罚。

公共图书馆及其工作人员有前两款规定行为的，对直接负责的主管人员和其他直接责任人员依法追究法律责任。

第五十一条 出版单位未按照国家有关规定交存正式出版物的，由出版行政主管部门依照有关出版管理的法律、行政法规规定给予处罚。

第五十二条 文化主管部门或者其他有关部门及其工作人员在公共图书馆管理工作中滥用职权、玩忽职守、徇私舞弊的，对直接负责的主管人员和其他直接责任人员依法给予处分。

第五十三条 损坏公共图书馆的文献信息、设施设备或者未按照规定时限归还所借文献信息，造成财产损失或者其他损害的，依法承担民事责任。

第五十四条 违反本法规定，构成违反治安管理行为的，依法给予治安管理处罚；构成犯罪的，依法追究刑事责任。

第六章 附则

第五十五条 本法自 2018 年 1 月 1 日起施行。